すぐに役立つ
住宅ローン返済と債務整理法 実践マニュアル

司法書士 **安部高樹** 監修

三修社

本書に関するお問い合わせについて
　本書の内容に関するお問い合わせは、お手数ですが、小社あてに郵便・ファックス・メールでお願いします。
　なお、執筆者多忙により、回答に1週間から10日程度を要する場合があります。あらかじめご了承ください。

はじめに

　住宅ローンは長期間に渡って支払っていくものです。その間には、リストラや病気などさまざまなことが起こります。特に、現在、サブプライムローン問題に端を発した100年に一度の経済危機により、日本経済は不況に落ち込んでいます。この不況により、収入が減り、住宅ローンが支払えなくなっている家庭が増えています。

　では、住宅ローンが支払えなくなった場合に、危機を乗り切るための方法としてはどんなものがあるのでしょうか？

　まずは**なんとか自宅を守り、債務を返済していく方法**があります。また、**自宅を手放し、残りの債務を返済していく方法**も考えられます。さらに自宅を手放さなければならない場合にも**任意売却によるか競売によるのか**という問題があります。

　このように、住宅ローンが滞った場合には、いろいろな対策方法があります。ただ、どのような対策方法があるのかを知らなければ、対策のとりようがありません。また、それらの対策のメリット・デメリットを知っておくことも必要です。

　本書では、住宅ローンの返済方法から、返済できなくなった場合の対策まで幅広く取り上げています。自宅を維持したまま債務を返済していく個人民事再生、最終手段である自己破産については書式を掲載し、わかりやすく解説しました。特に、個人民事再生については住宅ローンに関する特則を併用した書式を掲載していますので、債務を減らし自宅を維持したい場合には参考になることでしょう。

　また、最近話題の任意売却についても取り上げています。金融機関との交渉から任意売却と競売の違い、任意競売による自宅の守り方まで詳しく解説しています。なお、近年、任意売却による詐欺も増えていますので、何よりも正しい知識をもつことが問題解決の近道といえるでしょう。

　本書を利用することで、皆様の問題解決に役に立つことができれば幸いです。

司法書士　安部　高樹

目 次

はじめに

◆第1章◆住宅ローンの返済で困ったら

1	なぜ住宅ローンで多重債務に陥るのか	10
2	借入可能額と返済可能額は違うことに注意する	13
3	繰上げ返済は必ずしも上手な返済法ではない	15
4	ローンで首がまわらなくなったらどうする	18
5	どうしても返済できないときはまず何をする	21
6	いざというときに相談する場所を知っておく	24
7	どんな借金整理法があるのか	27
8	支払不能かどうかを見分ける事が大切	30
9	住宅ローンを組むと抵当権がつく	33
10	保証会社と代位弁済について知っておこう	39

◆第2章◆競売・任意売却の上手な利用法

1	競売や任意売却はどのように利用したらよいのか	42
2	競売について知っておこう	44
3	競売前にはどんなことをしておくべきか	47
4	任意売却について知っておこう	49
5	任意売却手続きの流れを知っておこう	53
6	債権者との交渉過程で気をつけること	55

7	債権者が任意売却をもちかけてきたら	57
8	任意売却にむけて債務者がしておくこと	59
9	自宅を親戚に売却し、貸してもらう方法もある	61
10	その他にも債務を圧縮する方法はある	64

◆第3章◆個人民事再生でマイホームを守ろう

1	個人民事再生について知っておこう	68
2	個人民事再生の対象債権はどうなっている	70
3	借金総額が5000万円以下であることが条件	72
4	個人民事再生の手続の流れを見ておく	74
5	マイホームを保持する特則がある	77
6	住宅ローンに関する特則の対象になる債権	79
7	保証会社の競売中止命令と再生計画	82
8	同意不要型と同意型がある	84
9	返済の負担を軽減する他の方法にはどんなものがあるのか	86

◆第4章◆小規模個人再生のしくみと手続き

1	個人民事再生申立と書式の書き方	90
書式	再生手続開始申立書（小規模個人再生）	98
書式	陳述書（職業、収入の額及び内容等）	101
書式	陳述書（生活の状況）	105
書式	家計全体の状況	106
書式	財産目録	108

書式	再生手続開始申立書（小規模個人再生）の添付書類一覧表	113
書式	債権者一覧表	117
2	再生手続開始後に報告書を提出する	119
書式	財産状況報告書	120
3	債権額確定のための手続をする	123
書式	債権認否一覧表	125
4	再生計画案の内容はどうする	126
5	住宅ローンに関する特則を併用する場合の再生計画案の書き方	129
書式	再生計画案	132
書式	物件目録　抵当権目録	135
書式	別紙（民事再生法199条1項）	136

◆第5章◆給与所得者等再生のしくみと手続き

1	給与所得者等再生はどんな人を対象にしているのか	140
2	可処分所得分を返済しなければならない	142
3	可処分所得の金額を算出してみる	144
4	債権者の意見聴取と再生計画の不認可事由	147
5	給与所得者等再生申立と書式の書き方	149
書式	再生手続開始申立書（給与所得者等再生）	152
書式	陳述書	155
書式	家計全体の状況	162
書式	財産目録	164
書式	再生手続開始申立書（給与所得者等再生）の添付書類一覧表	167

書式	債権者一覧表	172
書式	可処分所得額算出シート	174
書式	可処分所得額算出シート記載要綱	175
書式	再生計画案	177
書式	物件目録　抵当権目録	179
書式	別紙1（民事再生法199条1項）	180

◆第6章◆ 自己破産のしくみと手続き

1	自己破産とはどんなしくみになっているのか	184
2	破産手続にはどんな特色があるのか	186
3	自己破産によるメリットとデメリット	188
4	自己破産の手続きの流れを見ておこう	191
5	破産管財人が選任されると管財事件になる	194
6	破産財団の換価・配当手続きはこうなる	197
7	免責手続について知っておこう	199
8	オーバーローンの場合には同時廃止になることもある	202
9	添付書類をそろえる	205
10	破産手続開始・免責許可申立書の書き方	207
11	陳述書の書き方	209
12	債権者一覧表の書き方	211
13	資産目録の書き方	212
14	家計全体の状況の書き方	213
15	申立関係書類の出し方を知っておこう	214

書式	破産手続開始・免責許可申立書	215
書式	陳述書	216
書式	債権者一覧表	226
書式	資産目録	227
書式	家計全体の状況	233

巻末資料

可処分所得算出の政令（別表1）	236
可処分所得算出の政令（別表2）	240
可処分所得算出の政令（別表3）	243
可処分所得算出の政令（別表4）	244
可処分所得算出の政令（別表5）	247
可処分所得算出の政令（別表7）	247
可処分所得算出の政令（別表6）	248

第1章

住宅ローンの返済で困ったら

なぜ住宅ローンで多重債務に陥るのか

頼りになるのは最終的には自分

 住宅ローンによる多重債務者がふえている

　住宅ローンは長期間に渡り支払っていくものです。その間には、リストラや病気・事故など、さまざまなことがおこります。また、ローンの種類によっては急激に金利が上昇することもあります。このような場合、多くの人は、借金をしてでも住宅ローンを支払い、自宅を守ろうとします。そのため、借金が雪だるま式にふえていくことになります。

　ところで、住宅ローン商品を供給する金融機関などは、なぜ積極的に消費者のニーズに対応して顧客を集めようとしているのでしょうか。理由としてはいくつか挙げられますが、まず、住宅ローンには、確実な担保があるということです。

　住宅ローンを供給する金融機関は、契約の際には購入対象の物件に抵当権（34ページ）をつけます。また、必要に応じて連帯保証人や連帯債務者をつけたり、保証会社と保証契約を結ぶことで確実な担保をとっています。

　また、返済を滞らせる人が少ないのも、貸す側から見た住宅ローンの魅力と言えます。多くの人は大事なマイホームを守るため、生活費を抑えたり、他の借金の支払いを延滞したりしてでも住宅ローンだけは払おうとするからです。

　その他、住宅ローンは１件あたりの月々の収益はわずかですが、長期にわたって安定的に利益を上げられる商品だということも理由として挙げることができます。

このように、住宅ローンは供給側（金融機関）から見て、非常に優良な債権だといえます。特に景気の低迷で企業への融資が減少し、不良債権を抱えている銀行などの金融機関にとっては収益を上げる上で重要な商品となっているわけです。

「金利優遇」という言葉には落とし穴がある

住宅ローンを組む際に「金利優遇キャンペーン」「キャッシュバック」などといった言葉をよく目にします。パンフレットを読んだり、説明を聞くといかにもお得なように思えますが、一見金利が安くて非常に借りやすいように見えるローンでも、キャンペーン期間が終わった途端に返済額が急に上がって家計に大きな打撃を与えるといったケースも決して少なくはありません。「こんなはずではなかった」と後悔しないためにも、お得に見えるローンには十分注意する必要があります。

いくつかある金利タイプの中でも特に要注意なのが短期固定金利のローンです。最初の2、3年間はわずか1％といった破格の金利でローンを組むことができ、月々の返済額も少額ですむというメリットもありますが、このタイプには非常に大きなリスクもあります。当初の返済額が安いという理由だけでこのタイプの金利を選んでしまうと、キャンペーン期間が終了した途端に急に2倍、3倍の返済額を払うはめになることも少なくありません。

一時的には「優遇」されても、そのツケは必ず後から払うハメにな

■ 銀行が住宅ローンを勧めるのはなぜ？

住宅ローンを勧める理由		
	担保の存在	住宅ローンを設ける条件として必ず担保をとる
	返済率の高さ	自宅を守るため優先的に住宅ローンの返済をする
	利息収入の多さ	長期に渡り、利息がとれる

ることを肝に銘じておいた方がよいでしょう。

■ きちんと返済できるかの見きわめは自分しだい

　住宅ローンを借りる先は、通常の場合、銀行などの金融機関です。住宅は高い買い物なのでたいていの人はいくつも購入することができません。当然、借りる人は住宅ローンに関してはまったくの素人ということになります。素人である借り手は、金融機関の担当者からいろいろと説明を受けることになりますが、ここで気をつけたいのはローン担当の職員が常に借り手の身になってベストな方法を探してくれるわけではないということです。

　あたりまえのことですが、ローンを借りる際には、借り手本人が全責任を追わなければなりません。銀行は慈善事業ではありませんから、相談をした場合には借り手に最も有利なローンではなく、金融機関が最も儲けることのできるローンをすすめてくることもあります。担当員の言葉はアドバイス程度に受け取って、やはり自分で本当にそのローンを最後まで返済することができるか、金利プランに無理はないかどうかなどを検討しなければならないといえます。

 # 借入可能額と返済可能額は違うことに注意する

数字のワナに落ちないようにする

 どのようなパターンが危ないのか

　住宅ローンは、向こう数十年にわたって毎月毎月返済していかなければなりません。ローンを組んだ時は働き盛りであっても、返済の終了する35年後には退職してつつましい年金生活をしている可能性が大きいわけですから、自分の人生設計に合わせて無理のないローン計画を立てる必要があるといえます。

　ローンを組んで住宅を購入する際に、私たちは**借入可能額**、つまり「いくら借りられるか」を重視しがちです。借入可能額は申し込む人の年収などから算出しますが、実はこの額と実際に毎月返済することのできる額（**返済可能額**）との間には大きなギャップがあります。「どうせ借りるのだから」と借入可能額ぎりぎりまで借りてしまうと後々の返済がずっしりとのしかかってくることにもなりかねません。

　ローンを組む前に、自分が毎月いくらまでなら返済できるのかを冷静に算出し、あくまでもこの範囲で買える物件を選ぶのが鉄則といえるでしょう。住宅は大きな買い物であり、日常の金銭感覚が鈍ってしまうことが多いものです。普段は節約に心がけている人でも急に気持ちが大きくなり、「いくらまでなら借りられますよ」という言葉につられて予定していたよりも高い物件を選んでしまい、後から返済に泣くことになるケースも多いものです。不動産業者や金融機関の甘い言葉に踊らされず、分に合った金額のマイホームを選ぶことに専念することをおすすめします。

　ここで、ケースを基に考えてみましょう。Aさんは年収500万円、返

済可能額は月々約10万円とします。返済期間35年で金利が2％、30％を返済負担率（収入に対する年間返済額の割合のこと）とみなした場合、借入可能額は3774万円です。金利を3％にしても3248万円まで借り入れできることになりますが、月々の返済額はどうなるかというとなんと12万5000円、返済可能額を25％以上も上回ってしまっていることがわかります。返済負担率を25％まで引き下げれば、借入可能額は3146万円（金利2％）〜2708万円（金利3％）、月々の返済額は10万4200円となり、返済可能額に近づきます。それでも年に5万円は多くかかることになります。

　このように、借入可能額と返済可能額とはまったく別のものなのです。ですから金融機関や不動産業者の「大丈夫ですよ。あなたの年収なら○千万円までなら余裕で借りることができます」といったセールストークに乗ってしまって住宅ローンを組んでしまうと、後から返済地獄に追われることになってしまいます。住宅ローンは他人まかせにしてしまわず、自分の頭で冷静に判断して決定を下さなければならないことがわかると思います。

■ 借入可能額と返済可能額

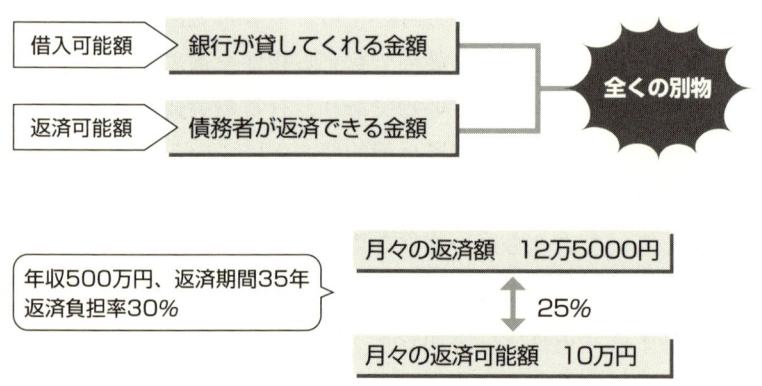

 # 繰上げ返済は必ずしも上手な返済法ではない

繰上げ返済により後悔することもある

 住宅ローンは早く返せばよいというわけではない

　住宅ローンは通常、数千万という大金を20年、30年、35年と長い期間にわたって払い続けるものです。いったん借りた以上、返済はしなければいけないわけですが、契約どおりに月々の返済を続けていれば、長い期間の間に何人担当者が変わっても、金融機関から早期返済を促されることはありませんから、特に慌てる必要はありません。ゆっくり構えて返済していけばよいのです。

　ところが、主婦向けの雑誌やファイナンシャルプランナーのホームページなど、住宅ローンに関する情報提供を行っているTVや雑誌の情報を見てみると、「繰上げ返済は有利」というような内容のものを結構目にします。

　繰上げ返済とは、あらかじめ予定された期間より前にローンの返済を終わらせてしまうことです。繰上げ返済をして元金を減らすと、支払う利息の額が減るので、トータルの支払総額が少なくてすむといった理由から有利だとされています。ここ数年、預金をしても利息はほとんどつかず、投資で利益を得るのも難しい状況が続いているため、下手に資産運用するよりも借金を減らした方が有効という見方がされているようです。

 無理に返済すると後悔することになる

　たしかに、住宅ローンを予定より早く完済することができれば、利息の額は少なく抑えることができますし、収入の大きな部分を占めて

いたお金を自由に使えるようになるわけですから、繰上げ返済をしたほうが大きなメリットが得られるかもしれません。ただ、だからといってやみくもに繰上げ返済をすると、後悔するような事態になることもあります。これには次のような状況が考えられます。

① 住宅ローン契約の契約者が早い時期に亡くなってしまった

　一般の会社員が住宅ローンを返済しながら繰上げ返済もしようとすると、どうしてもさまざまな面で「節約」をしなければなりません。日常の食費を削り、レジャーもできるだけ控え、衣類や電化製品なども極力買わないようにし、省エネルギーを心がけて生活しなければならない家庭も多いでしょう。そのようにして我慢に我慢を重ねて繰上げ返済をし、元金がかなり減った、もしくは完済した、という段階になって、不幸にも契約者が亡くなってしまったら、ローンはたしかになくなるかもしれませんが、貯金も、楽しい思い出の写真もわずかしか残されていないということになってしまいます。

　特に、団体信用生命保険（ローンの借主が死亡したり、高度障害状態になり、ローンの返済ができなくなったときには、ローンを帳消しにする保険）に加入している場合は、残された家族は後悔してもしきれないでしょう。通常、民間の住宅ローンの契約をするときには、団体信用生命保険への加入が条件となっています（フラット35は任意加入）。団体信用生命保険は契約者が死亡もしくは高度障害を負った場合に保険金が支払われるという点では一般の保険金と同じですが、一般の保険金が指定された受取人に直接支払われるのに対し、ローンの残高を弁済するという形で支払われるという違いがあります。つまり、住宅ローン契約の契約者が早い時期に亡くなってしまった場合、繰上げ返済をしなくてもローンの残高がなくなるという同じ状況になるわけです。

② **リストラや倒産、病気などで収入が急激に減ってしまった**

　長い人生の間には、予期せぬことが起こります。住宅ローンを組ん

だ時点では、同じ会社で順調に勤め続けることを前提として返済計画を立てているかもしれませんが、リストラや倒産、病気、やりたいことが見つかったなど、さまざまな事情で急に転職することも十分あり得ます。転職して、給与が高くなるのであれば、何の問題もないのですが、現実にはなかなかそうはいきません。年収が2～3割、中には半分にまで減ってしまうという人もいるでしょう。そうなると、大きな負担になるのが住宅ローンです。家計を維持していくためには、借り換えや金利の見直しなどをして返済額をできるだけ減らすことを考えるわけですが、ここで繰上げ返済があだになることがあります。

実は借り換えをする場合、返済期間は現在の残期間以上に設定することができません。つまり、繰上げ返済で返済期間を短縮していると、その短い期間で残金を返済しなければいけないわけです。これでは月々の返済額はほとんど減らすことができませんし、場合によっては年収が足りず、ローンを組むこと自体ができなくなってしまうこともあります。

また、収入が減ると、急な出費に対応することが難しくなります。特に医療費や学費など、どうしても支払わなければならないお金がある場合、現金が手元にないとどうにもなりません。もちろん教育ローンなど別の借り入れ商品もありますが、このような借り入れは住宅ローンより金利も高く、返済期間も短くなりますから、負担が増大することは確実です。

このように、無理をして繰上げ返済をすると、どこかでひずみが出てくる可能性があるということはぜひ知っておいてください。

■ 繰上げ返済により生じるひずみ

 # ローンで首がまわらなくなったらどうする

家族が１つになって乗り切る

 早期に発見し、対策を考えるべき

　世界的な大不況の影響は、じわじわと私たち一般市民の生活をも脅かすほどに広がってきています。大企業が経費削減のために非正規社員を中心に大規模な人員削減を行ったり、中小企業がバタバタと倒産していくといったことは、もはや日常茶飯事のようになってしまいました。このような状況下では、住宅ローンが支払えず、せっかく手に入れたはずの自宅を競売にかけられてしまう人がふえるのも、当然のことと言えるでしょう。

　たいていの人は、このようなニュースを聞いて「自分もそうなったら怖いな」とは思っても、実際に自分の身にふりかかるとはあまり考えていません。どこか人ごとで、「自分はそんなことにはならない」「きっと頑張ればどうにかできるはず」などと楽観的に見ていることが多いのではないでしょうか。しかし、ローンで首が回らなくなってしまった人たちも、最初から「途中で払えなくなるかも」と思ってローンを組んだわけではありません。当然、自分の収入の範囲内で払えると思ったからこそ契約したはずです。それでも長い期間の間に、病気や事故、不況など予想し得ないさまざまな困難が襲い、だんだんと深みにはまっていってしまうことがあるのです。

　いったんローンの支払いが滞り始めると、人は焦りから判断力を鈍らせ、冷静なときならば絶対に行わないような行動、たとえば金利の高い消費者金融から借り入れて住宅ローンを支払うなどといった行動に走ってしまいがちです。そうなってしまうと、もう簡単な方法では

もとの状態に戻ることができません。場合によっては家族がバラバラになったり、命を奪われてしまうことさえあります。このような最悪の事態に陥る前に、一刻も早く当事者自身がそのことに気づき、冷静に対策を考えなければなりません。

苦しくなる前の兆候としてどんなものがあるのか

実は、多くの場合、「ある日突然」ローンで首が回らなくなるのではありません。急に収入が途絶えるような事態が起こったようなケースでも、そうなる前には何らかの兆候が現れていることが多いのです。具体的には、次のようなものが挙げられます。

① 体調がよくない

突然過労で倒れたり、忙しすぎて病気の発見が遅れたなど、体調不良から急に働けない状況に陥ることがある他、前向きに頑張ることができなくなるといった精神的な問題を抱えることもあります。

② 家族の会話が減った

経済的に苦しくなると、けんかをさけたい、相手を心配させたくないといった気持ちから家族間で話をすることを避けてしまうことがあります。それが結果的に問題を深刻化させることにつながります。

③ 家族構成が変わった

結婚した、離婚した、扶養家族がふえたなど、家族構成が変わるとそれまでの家計は一変します。長期のローンを組む際に、そこまで予想していなかった場合、将来的に返済が難しくなる可能性があります。

④ 貯金が減る

「将来のために」と貯めていたはずの貯金が、支払いや生活費、遊興費のためにいつのまにか減っている場合、事故や病気など突然の事態に対応できない恐れがあります。

⑤ クレジットカードの使用額がふえる

「手元に現金がないから」と安易にクレジットカードを使うのは、大

変危険な行為です。クレジットカードで買い物をするということは、クレジットカードの会社に借金をしていることに他なりません。

⑥ 税金や年金などの滞納がある

　税金や年金といった公的な支払いは、民間の金融機関からの借り入れよりも督促が緩やかです。このため、苦しくなってくるとまずこれらの支払いを滞納させる人が多いようです。

⑦ 賞与が減った、なくなった

　給与の支払いは使用者に課せられた義務ですが、賞与は違います。業績が直接反映するものですので、賞与が減ったりなくなったりしはじめると、次はリストラが行われる可能性が高くなります。

家族で一致団結して苦境を乗り切ろう

　ローンが支払えなくなってきたとき、まず必要なのが家族で話し合いをすることです。だれか一人が「自分が頑張ってどうにかしよう」とあがいても、解決することはできません。一人が煮詰まった状態で考え出すことができる案は、どうしてもどこか無理をしたり、非現実的になったりしてしまいます。「自分が仕事をふやせばいい」「支出を切り詰める努力をすればいい」「どこかから借りて返そう」といった具合です。これでは、解決どころかさらに問題を深刻化させることにもなりかねません。

　苦境の原因はどこにあるのか、どういう策を取れば現状を打開できるのか、冷静に話し合ってください。場合によっては購入した住宅を売却したり、子供に大学進学をあきらめてもらう、親の所有する不動産を売ってもらうなど、したくない選択もしなければならないかもしれません。しかし、家族の将来を守るために必要なことであると納得することができれば、後悔はないはずです。苦しいときだからこそ、家族が一つになることもできると考え、前向きに苦境を乗り切ってください。

どうしても返済できないときはまず何をする

無理な返済は事態を悪化させる

 どのような理由で返済できなくなるのか

　いくら長い期間をかけて少しずつ返済するといっても、月々の住宅ローンの返済額は家計の中で相当な割合を占めます。一般的には収入の3分の1以下に抑えると余裕を持って返済できるといわれますが、生活をしていれば何かとお金は出ていきます。固定資産税や車検代など、出費の時期がわかっているものであればある程度計画的に積み立てることもできますが、病気や事故といった突発的なことはどのくらいの費用がかかるか予測がつきませんし、学費などの教育費はうなぎのぼりで、塾や習い事などかけようと思えばいくらでもかけることができます。できればレジャーも楽しみたいし、新しい家電製品や家具、服も買いたいとなると、割合的には問題がなくても、住宅ローンの返済は重い負担となります。

　とはいえ、住宅ローンはマイホームを手に入れるために必要な出費ですから、多くの家庭が最優先に支払いを行っているでしょう。その分、食費や衣料費、遊興費といった別の部分を削る努力をしているはずです。ところが、そのような努力ではまかなえないような事情で、どうしても返済ができなくなってしまう家庭も残念ながらあります。その最たる理由が、「収入の減少」「支出の増大」と「返済額の高騰」でしょう。

　収入の減少や支出の増大の原因としては、次のようなことが挙げられます。

① 契約者本人の失業

契約者本人が病気や事故、リストラ、会社の倒産などで急に失業してしまうと、たちまち返済に困ります。貯蓄があったり、失業等給付を受け取れるのであれば何とかなりますが、それがなければどうしても返済が困難になります。

② ともに返済していた家族の失業

病気やリストラなどの突発的な事情でなくても、出産などの事情で妻が退職するといったことはよくあります。最初は出産後に新しい仕事を探すつもりでも、子どもが生まれてみるとなかなか都合のよい仕事が見つからないといったこともあるようです。

③ 家族の病気や事故による医療費の増大や介護負担

同居の家族が病気になったり、事故にあった場合はもちろん、離れた場所に住んでいた両親が介護が必要な状態になったというようなことが起こると、莫大な医療費がかかったり、介護の人手が必要になって働けず、家計が維持できなくなる可能性があります。

払えないときの対策は

住宅ローンがどうしても払えない状況になるときは、家庭全体が大きなピンチを迎えているときでもあります。それでも何とかして住宅ローンを返そうと、その場しのぎで簡単に借りられる消費者金融やクレジット会社から借り入れをし、結果的に多重債務に陥るという人も少なくありません。住宅ローンを返済できなくなれば、一括返済を迫られたり大事なマイホームを取り上げられるという恐怖感からこのような行為に走ってしまうのかもしれませんが、消費者金融などの金融機関は住宅ローンの5倍以上の金利がついていることもあり、かえって事態を悪化させることにもなりかねないのです。

もちろん、借りたものは返さなくてはならないのが社会の常識ですが、住宅ローンの返済が一度滞ったからといっていきなり家を競売（42ページ）にかけるような強硬姿勢に出る金融機関はありませんの

で、まずは借り入れた先に返済ができなくなった事情を正直に告げ、今後についての話し合いをしてみてください。その後の返済計画としては、次のような方法があります。

① リスケジュール

返済期間を延長して月々の返済額を減らしたり、一時的に利息だけの返済にするなどして、返済可能な状態にすることをいいます。すべての状況で金融機関がリスケジュール（返済計画の変更）を受け入れてくれるわけではありませんが、失業状態が一時的だったり、ローン期間がそれほど残っていない場合などには、許可してもらえる可能性があります。

② 売却

どうしても返済のメドが立たない場合は、残念ですが担保となっている家を売却するのが現実的な方法です。金融機関の同意を得て、任意売却（49ページ）をしたほうが高い金額で売れる可能性が高いのですが、通常は返済不能となった段階で家は金融機関の管理となり、競売にかけられることになります。売却価格よりローン残高のほうが多い場合は借金が残りますが、今までよりも少ない返済額ですみます。

■ 返済が困難になったとき

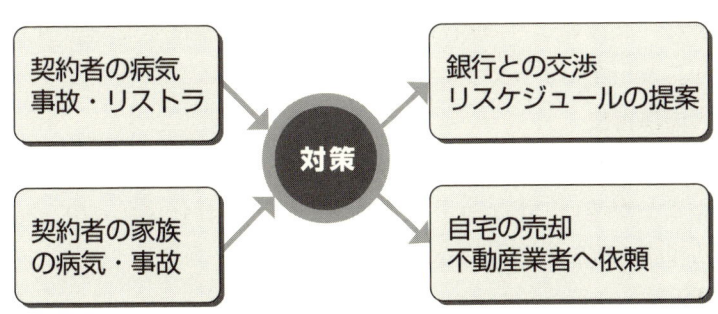

 # いざというときに相談する場所を知っておく

困ったら専門家に相談しよう

 どこに相談するか

　住宅ローンの返済のために消費者金融などから借金をし、その借金が雪だるま式に増えていく。そのような状況になった場合、できるだけ早く、しかるべきところで相談してみるとよいでしょう。相談先としては、弁護士、司法書士に頼むとよいでしょう。

① 弁護士に相談する

　住宅ローンの延滞など借金で苦しんでいる場合には、弁護士に相談する方法もあります。弁護士に借金整理を頼むと、弁護士からの受任通知が債権者に送られ、債権者の取立てが止まります。その後は、弁護士が交渉をしてくれるので、債務者としても安心できます。おおよその費用は以下のようになっています。

・任意整理（債権者との話し合いで、借金を整理する方法）

　着手金として、債権者一人につき、3万円から5万円程度が必要です。また、交渉により減額された借金額の10％程度を成功報酬として支払うことが多いようです。

・個人民事再生

　着手金として、債権者数などにもよりますが、20万円〜30万円程度必要なことが多いでしょう。再生計画が認められれば10万円〜20万円の成功報酬を支払うことになります。

・破産

　着手金として、20万円〜30万円が必要となることが多いでしょう。免責が認められれば、10万円〜20万円の成功報酬を支払わなければな

らない場合もありますが、成功報酬は不要のケースも多いようです。

弁護士の探し方としては、おもに人づてで紹介してもらう、各地の弁護士会で紹介してもらう、といった方法があります。

② 司法書士に相談する

債務整理や借金問題についての専門家といえば、かつては真っ先に挙げられるのが弁護士でしたが、現在では司法書士の中にも債務整理の専門家といえる人、借金問題についての頼れる相談相手といえる人が多くいます。とくに認定司法書士の多くは債務整理を手がけており、認定司法書士が債権者に受任通知を送ると債権者の取立てが止まります。

認定司法書士とは、司法書士のうち、一定の研修を受け、試験に合格し、簡易裁判所で、訴額が140万円以下の範囲で訴訟代理人となれる人のことです。また、140万円の範囲内で、任意整理をすることもできます。おおよその費用は以下のようになります。

なお、破産手続開始申立てや個人民事再生の手続開始申立てについては、司法書士は代理人とはなれず、書類作成ができるのみです。書類作成は、認定司法書士ではない司法書士も行うことができます。

・任意整理

着手金として、1社につき、2万円～3万円、成功報酬は、交渉により減額された借金額の10％程度ということが多いようです。

・個人民事再生

書類作成報酬は、住宅ローンに関する特則（住宅資金貸付債権に関

■ 相談先にはどんなところがあるのか

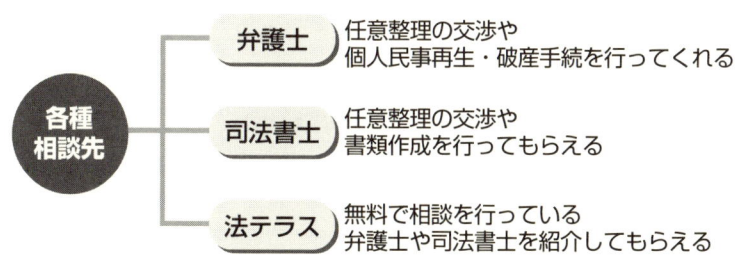

する特則）の適用を受けない場合で、20万円弱〜30万円程度です。債権者数などによっては増額されることがあります。

・破産

　書類作成報酬は、12万円〜20万円程度です。ただ、債権者数や事案が複雑な場合、一定額が増額されることもあります。

　司法書士に依頼をする場合には、全国にある司法書士会に連絡をするとよいでしょう。

　上記の報酬などはあくまでも例であり、弁護士、司法書士によって報酬体系は千差万別です。弁護士よりも高い報酬体系の司法書士もいます。結局は、依頼しようとする弁護士、司法書士に報酬体系を問い合わせるしかありません。

　法テラス（日本司法支援センター）に、電話または面談で相談するというのもひとつの方法です。ただ、注意したいのは、法テラスにいきなり電話したり、法テラスの事務所を訪ねていったりしても、通常、「法律相談」をすることはできず、相談内容に応じて、弁護士会、司法書士会などを紹介してもらえるにすぎません（法テラスでは、原則として個々の弁護士、司法書士を紹介することはなく、「弁護士会」または「司法書士会」を紹介します）。したがって、弁護士または司法書士に依頼したいと思っているのであれば、直接、弁護士会または司法書士会に連絡したほうが早いでしょう。

　ただし、法テラスの事務所によっては、予約制で、収入・財産が一定基準以下の人々を対象に弁護士または司法書士による無料法律相談（正確には、民事法律扶助を使った法律相談）を行っている場合があります。また、収入・財産が一定基準以下であれば、債務整理、個人再生、破産などの弁護士・司法書士費用を法テラスが立て替える制度もあります。詳しくは、法テラスに問い合わせてみてください（法テラス　電話　コールセンター0570-078374）。

# どんな借金整理法があるのか

自己破産は最後の手段

 個人民事再生と自己破産

　住宅ローンが支払えなくなった場合には、個人民事再生または自己破産を利用するとよいでしょう。**個人民事再生**は再生型、**自己破産**は清算型の借金整理方法といわれます。破産をした場合には債務者の財産が清算されるので、自宅を失うことになります。一方、個人民事再生を利用すれば自宅を守ることができます。どちらも裁判所を通した手続きです。

　個人民事再生は、債務者が破産してしまう前の再起・再建を可能にするための手続です。具体的には、債権者に、既存の債務の一部を支払い、残りの債務は免除してもらいます。債権者に支払う一部の債務も、債務の返済方法を定めた再生計画にしたがって、原則として３年以内で支払います。住宅ローンがある場合は、再生計画に住宅資金特別条項を設けることによって、住宅ローンについてはこれまでどおり支払いながら（または返済期間の延長や元本猶予などをすることもできます）、他の債務を圧縮して支払うことができ、これにより住宅を失わずにすみます。

　自己破産は、財産を清算し、債権者に支払う制度なので、自宅を失うことになります。そのため、自己破産をすることには抵抗がある人もいると思います。

　しかし、自己破産をしてもすぐに家を出て行かなければならないわけではありません。自己破産をすると不動産は競売にかけられることになりますが、通常、買い手が売買代金を支払うまでは住み続けるこ

とができます。場合によっては、破産手続開始の申立てをしてから家を出なければならなくなるまで1年以上かかることもあります。自宅を失うのは大きなショックでしょうが、こうした時間を利用して、次に住むところを探し、生活を建て直すことも十分に可能といえます。

■ 任意整理や特定調停という方法もある

　住宅ローンの支払いが不可能になった場合には、大抵、消費者金融からも借金をしているはずです。消費者金融からの借金を整理する場合にも、個人民事再生や自己破産を利用することができますが、他にも方法があります。裁判所を利用した手続きである**特定調停**と裁判所を利用しない**任意整理**です。

　特定調停は、支払不能（30ページ）に陥るおそれのある人などが生活や営業の再建ができるように作られた制度であり、簡易裁判所で行われます。費用はわずかな印紙代と切手代ですみます。裁判所や調停委員を仲介者として、債権者と債務額や弁済方法の合意に至る制度ですので、特に法律知識がなくても利用することができます。ただ、裁判所や調停員はあくまでも中立の立場ですから、すべて自分に有利にことが運ぶわけではありません。しかし、通常は、債務額や返済方法に関して、法律的にみて理にかなった結果となりますので、安心して

■ 特定調停の手続きの流れ

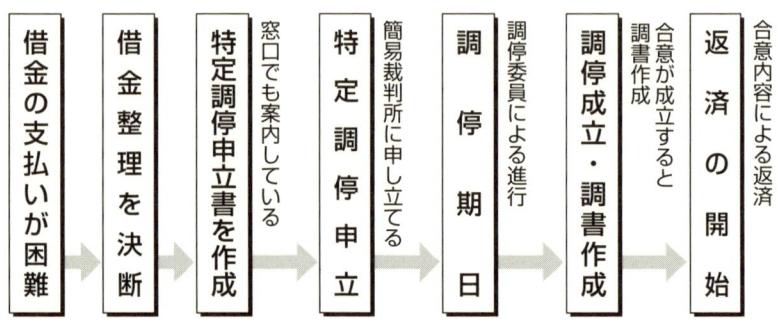

借金の支払いが困難 → 借金整理を決断 → 特定調停申立書を作成（窓口でも案内している） → 特定調停申立（簡易裁判所に申し立てる） → 調停期日（調停委員による進行） → 調停成立・調書作成（合意が成立すると調書作成） → 返済の開始（合意内容による返済）

この制度を利用するとよいでしょう。

　任意整理は、裁判所などでの法的な手続を利用しないで、債権者と直接に交渉し、利息のカットや返済方法の組み直しなどを交渉することをいいます。任意整理というと、何か決まったやり方があるように思っている人もいるかもしれませんが、そうではありません。債権者と債務者が話し合って、双方にとって折り合いがつけられる返済方法を見つけ出すものです。任意整理では、基本的には債権者の協力のもと、借金をまけてもらうか、返済条件を変更してもらったりします。

　ただ、法律知識が必要なので、弁護士や認定司法書士などの専門家に任せることになります。実際に行われている任意整理は、以下のような流れで進んでいきます。

① 司法書士（認定司法書士）が受任通知（債務整理開始通知、法的処理開始通知などともいいます）を債権者に発送する。
② 債権者から届いた債権届・取引履歴明細書などをもとに債務額を把握する。
③ 返済方法を検討し、債権者に和解案を提示する。
④ 債権者と交渉し、合意に至れば和解書（示談書）を作成する。
⑤ 和解内容にしたがって弁済する。

■ 任意整理の流れ

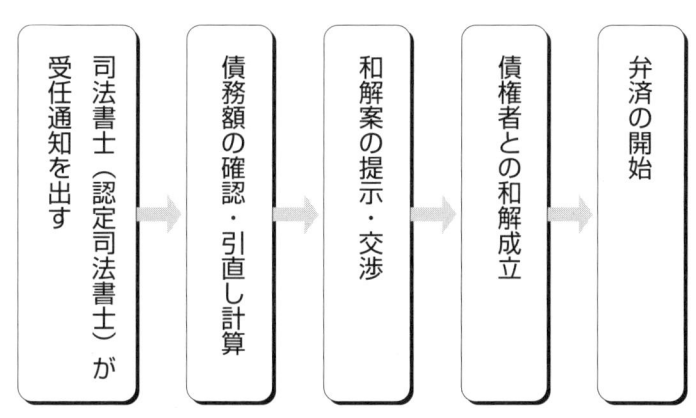

# 支払不能かどうかを見分ける事が大切

破産原因がなければ破産できない

 破産手続開始の原因というもの

　債務者の財産を処分し、清算してしまう手続きが自己破産です。ただ、借金があればだれでも自己破産できるということではありません。また、どんな借金整理を選択するにしても破産せざるを得ないほど状況が切羽詰まっているのか、破産しなくても借金整理ができるのか、というラインを考えておくことは必要です。これは、後述する個人民事再生などを利用するかどうかの分岐点にもなるからです。

　破産手続開始決定（裁判所が破産手続を行うことを認めること）を受けるためには、破産原因がなければなりません。それは、債務者の財産状態が極度に悪化していることをいいます。

　個人の場合には、**支払不能**が破産手続開始の原因とされています。支払不能というのは、弁済能力がなくなったために、弁済期（支払の期限）が到来した債務を一般的・継続的に弁済することができないと認められる状態をいいます。端的に言って、借金が多すぎてどうしようもなくなってしまった状態をいいます。

　ここで、債務者に返済（弁済）能力がなくなった、というのは、債務者の信用や労力・技能によってもお金を調達することができないことをいいます。

　債務者に財産がなくても、技術や労力・信用などの目に見えない資産によって弁済を続けることができる場合には、まだ支払不能とはいえません。反対に、債務者に財産があっても、すぐにお金に換えること（換価）が困難なために、お金を調達できなければ弁済能力を欠い

ていることになります。

　なお、「債務者の信用によってお金を調達する」といっても、消費者金融などの高利な金融業者から借りてきて工面しても、弁済能力があるということにはならないのはいうまでもありません。
　一般的・継続的に弁済できないことが必要で、一時的に手元にお金がなく、支払いができなかったとしても、支払不能とはいえません。
　さらに、支払不能は債務者の客観的な財産状態をさします。たとえば、債務者が「こんなに生活を切り詰めるのでは、借金の返済はムリだ」と思っているだけでは、必ずしも支払不能とはいえません。つまり、債務者が生活を切り詰めて何とかやりくりしても、なお、返済が難しいということが必要です。

支払不能のおそれということ

　ところで、「破産する前に何とか手を打とう」という時に考えるのが、個人民事再生手続です。個人民事再生手続においては、債務者に破産手続開始の原因となる事実の生ずるおそれがあるときに、債務者は裁判所に対して、再生手続開始を申し立てることができます。この破産手続開始原因が、前述したように、支払不能です。個人民事再生手続では、「支払不能のおそれ」があることが手続開始のポイントになります。つまり、支払不能になる前に借金整理ができるのです。早い段階で再生手続に入ることにより、破産から免れることができるのです。
　結局、破産しないで借金整理できるかどうかは、支払不能になっているかどうか、にかかっているということになります。

支払不能の見分け方

　支払不能の判断は、それほど簡単なものではありません。債務者の財産・職業・給与・信用・労力・技能・年齢や性別など、さまざまな

事情を総合的に判断して、ケース・バイ・ケースで判定されます。

　個人の場合、現在は債務者にめぼしい財産がなかったとしても、将来的に借金を返せるだけのお金を稼げるようであれば、支払不能とは判定されません。逆に、現在はかなりの収入がある場合でも、病気だったりして、将来は減収が確実な場合であれば、支払不能と判定されることもあります。

　また、借金の額がそれほど多くない場合でも、さまざまな事情で収入が極端に低い場合には支払不能とされることもあります。たとえば、債務者が生活保護を受けているようなケースでは、借金の総額はそれほど多くもなく、しかも債権者の数も多くない場合に、支払不能とされることになります。

　ただ、一応の目安としては債務者の収入や財産・信用などを考慮して、仮に分割払いにしたとしても、おおむね3年～3年半程度で借金を完済できないと思われる場合には支払不能と判断されます。また、借金総額が毎月の収入の20倍を超えるようになっていることも、一応の支払不能の目安になります。

■ 支払不能の判断基準

□ 債務総額が月々の収入の20倍を超える
□ 3年程度で返済するのが不可能
□ 返済するには新たに高金利の債務を負担しなければならない
□ 全財産を売却し返済に充てても返済できない
□ 債権者との交渉で返済方法を緩和してもらっても返済できない

支払不能かどうかを
判定するのは裁判所

支払不能

ただし支払不能になるかどうかは
ケース・バイ・ケースで判定される

住宅ローンを組むと抵当権がつく

ローンを組む際には慎重にする

 住宅ローンは法律的にどうなっているのか

　住宅ローンを組むにあたって、金融機関と利用者の間では、民法587条に規定されている**消費貸借**(たいしゃく)の契約が締結されることになります。住宅ローンの場合は金銭を貸借するため、金銭消費貸借契約と呼ばれています。この金銭消費貸借契約は、自動車ローンや教育ローンといった銀行等の他の金融商品でも、消費者金融のキャッシングでも同様に締結されるものです。

　住宅ローンには、利息が発生します。その利率は金融機関と契約者の同意のもとに決定されるわけですが、利息制限法に定められた上限を超える利率（下図）については無効になります。

　また、住宅ローンでは多くの場合、数百万円から数千万円という大金の貸付が行われます。このため、金融機関側では確実に返済を受けられるよう、担保をつけたり、連帯保証人を立てるといった対策をしています。購入する不動産を担保にする場合、民法369条に規定されている抵当権が設定されます。この内容は、不動産の登記（36ページ）に反映されます。

■ 利息制限法で定められた上限金利

◆元本が10万円未満の場合は、年利20％まで
◆元本が10万円以上100万円未満の場合は、年利18％まで
◆元本が100万円以上の場合は、年利15％まで

抵当権はローンを組むと必ず設定されるもので、さらには、抵当権設定契約をもとに抵当権設定の登記がされることになります。

抵当権とは何か

住宅ローンの際に担保として設定される抵当権とはどのようなものでしょうか。

抵当権とは、貸金などの債権を担保するために、債務者（または第三者）の土地や建物に設定される権利です。債務者が債務を返済しない場合には、抵当権者（＝債権者）は、抵当権設定者（＝債務者または第三者）の土地・建物を競売（44ページ）し、その売却代金から債権の回収を図ります。

つまり、借主がローンを払えない場合には該当する不動産を担保として取り上げることのできる権利です。つまり、マイホームとはいっても住宅ローンをすべて返済し終わるまでは自分のものであって自分のものでないようなものです。

抵当権には、抵当権設定後も設定者が従来通りに目的物を使用・収益することができるという利点があります。抵当権は、「担保の女王」などと呼ばれ、実務上多く利用される担保物権です。担保としての機能が優れているので、実際の取引において最もよく利用されています。

■ 抵当権とは

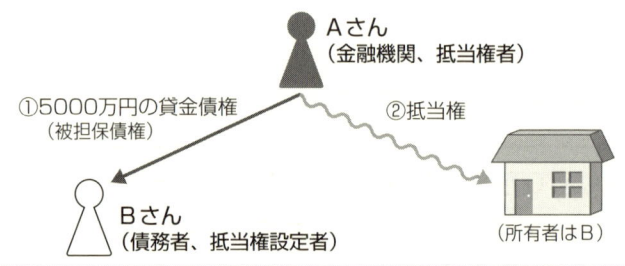

抵当権の効力

まず、抵当権の一番重要な効力が優先弁済権です。これは、債務者が返済しないときに、抵当権の設定された不動産を換価処分（＝競売）して、その代金から他の債権者に優先して債権の弁済を受けられるという効力です。

さらに、抵当権の登記がなされているのであれば、抵当権の設定された不動産を債務者が第三者に売却しても、その不動産に対する抵当権の効力は第三者のもとにも及びます。

また、抵当権には**物上代位**という効力も認められています。これは、抵当権の目的物に代わる金銭にも抵当権の効力が及ぶというものです。

たとえば、抵当権の目的物である建物が火災により滅失したために、火災保険金が債務者に支払われるとします。このとき、抵当権者はその火災保険金を差し押えて、自己の債権への優先的な弁済に充てることができます。

抵当権を設定する

抵当権は、貸金債権などを担保するために設定されます。抵当権によって担保される債権のことを**被担保債権**といいます。

たとえば、AがBに5000万円の貸金債権を持っていたとします。これについて、抵当権を設定するには、AとBが抵当権設定契約を締結して、抵当権の登記（次ページ）をします。その結果Aは5000万円を被担保債権とする抵当権をBに対してもつことになります。

この場合、Bが5000万円を弁済したのであれば、Aがもっていた抵当権は消滅します。以上が、原則的な抵当権の設定手順です。

抵当権の目的物について

抵当権を設定する際には、目的不動産をどの程度の価値で評価する

かが重要となります。

というのは、実際の競売における競落価格が常にその評価額以上とは限らないからです。かりに、5000万円の被担保債権のために6000万円と評価した建物に抵当権を設定したとします。数字の上では、十分な担保権を設定したことになります。

しかし、実際の競売で競落価格が3000万円であった場合には、その限度でしか抵当権による債権回収はできません。残りの2000万円については、無担保の債権として残ってしまいます。そこで、抵当権の設定の際に目的不動産の価値を過大に評価しないように注意する必要があります。

抵当権の登記とは

抵当権を設定する契約を結ぶと、通常、抵当権の登記がなされます。登記をすると、不動産登記簿という法務省にある公簿に登記をしたことの記録がなされます。登記簿とは、不動産の権利関係を示した公簿であり、登記簿を見ることで、その不動産にどのような権利が設定されているのかがわかります。また、登記簿に登記されることで、不動産に権利を設定したものは、その権利を主張することができます。

不動産登記簿は、**表題部**と**権利部**があり、権利部は甲区と乙区に分かれています。表題部は、不動産の物理的な状況を表示する部分です。土地や建物の所在や面積などが記録されています。権利部の**甲区**は、所有権に関する事項を記録する部分です。権利部の**乙区**は、不動産の所有権以外の権利についての事項が記録される部分です。抵当権が設定されると、この乙区に記録がなされます。

具体的には、甲区欄にはマイホームの所有者、つまり住宅ローンの借主の名前が記載されます。そして乙区欄には担保権の内容、つまり住宅ローンを借りた金融機関が抵当権を設定した旨が記載されます。

抵当権の順位について

　抵当権の順位とは、１つの不動産に複数の抵当権が設定されている場合の各抵当権に与えられる順位のことです。そして、その順位は抵当権の登記がなされた先後で決まります。このような順位が問題となる理由は、１つの不動産に複数の抵当権が設定されている場合、競売

■ 表題部サンプル

【　表　題　部　】 （主たる建物）	調製　平成○○年	地図番号	
【所　在】	○市○町○丁目○番地		
【家屋番号】	○番		
【①種　類】	【②構　造】	【③床　面　積】　m²	【原因及びその日付】	【登記の日付】
居宅	木造瓦葺 2階建	1階　○○：○○ 2階　○○：○○	平成○○年○月○日新築	平成○○年○月○日

■ 権利部甲区・乙区サンプル

【　権利部（甲区）　】 （所有権に関する事項）
【順位番号】	【登記の目的】	【受付年月日・受付番号】	【原　　因】	【権利者その他の事項】
1	所有権移転	昭和○○年○月○日 第１１１１１号	昭和○○年○月○日 売買	所有者 ○市○町○番地 ○○○○
2	所有権移転	平成○○年○月○日 第２２２２２号	平成○○年○月○日 売買	所有者 ○市○町○番地 ○○○○

【　権利部（乙区）　】 （所有権以外の権利に関する事項）
【順位番号】	【登記の目的】	【受付年月日・受付番号】	【原　　因】	【権利者その他の事項】
1	抵当権設定	昭和○○年○月○日 第３３３３３号	昭和○○年○月○日 金銭消費貸借同日設定	債権額　金○○○万円 利　息　年○％ 損害金　年○％ 債務者　○市○町○番地 　　　　○○○○ 抵当権者　○市○町○番地 　　　　　○○銀行

（44ページ）がなされた際の売却代金が抵当権の順位に従って各抵当権者に支払われるからです。これを**配当**といいます。

つまり、配当の優先順位は、登記順位に従って決まるのです。

たとえば、甲建物に第1順位の抵当権（抵当権者A、被担保債権5000万円）、第2順位の抵当権（抵当権者B、被担保債権3000万円）が設定されていたとします。

このとき、その建物の競落価格が7000万円だとすれば、その金額は、まず第1順位の抵当権者Aに5000万円配当され、次に残りの2000万円が第2順位の抵当権者Bに配当されます。しかし、Bの残り1000万円については、無担保の債権となります。

以上のように、ある不動産に対する抵当権者にとっては、その不動産の評価額だけではなく、自分の抵当権の順位も極めて重要となるのです。

■ 抵当権の順位

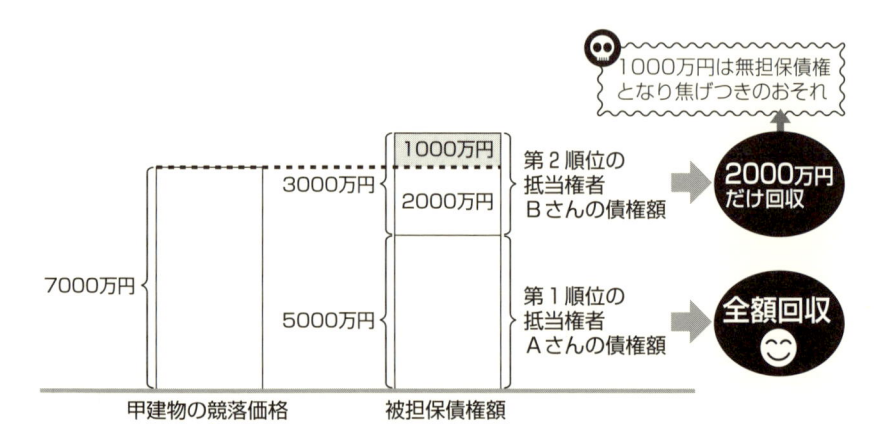

```
                        ┌─ 1000万円 ─┐  第2順位の       1000万円は無担保債権
         3000万円│       │             │  抵当権者        となり焦げつきのおそれ
                        │  2000万円   │  Bさんの債権額
                                                          → 2000万円
7000万円│                                                    だけ回収
                        ┌             ┐
                        │             │  第1順位の
                        │  5000万円   │  抵当権者        → 全額回収
                        │             │  Aさんの債権額
                        └             ┘
         甲建物の競落価格    被担保債権額
```

10 保証会社と代位弁済について知っておこう

保証会社の抵当権が設定される

■ どのようなしくみになっているのか

　お金を借りる際に保証人を立てることがありますが、住宅ローンの場合は保証人の代わりに**保証会社**というものを立てることになります。保証料は各金融機関によって若干の違いがありますが、返済期間が35年の場合であれば100万円あたり2万円強が相場というところです。ですからたとえば3500万円のローンを組んだ場合、保証料は70万円強ということになります。この保証料はローンの借主が負担しなければなりません。ローンを組んで住宅を購入する際にはこの保証料や手数料といったものがいろいろかかってくることを頭に入れておかなければなりません。

　保証会社は借主が月々の返済額を返せないような場合に「保証」をしてくれるわけですが、保証会社はあくまでも銀行に対して不払い分の保証をするだけで、借主の立場を守ってくれるわけではありません。

　債務者がローンを支払えない場合、保証会社が、債務者に代わって、銀行に債務を返済します。債務者に代わって返済をした保証会社は、債権者である銀行に代わって、債務者に債務の返済を求めることができます（求償権）。つまり、保証会社に、銀行が債務者に対して持っていた権利が移転することになります。このことを**代位弁済**といいます。

　つまり、金融機関から保証会社に移動した債務を借主は返済しつづけなければならないわけです。この返済ができない場合には、保証会社が担保にしていた住宅を競売にかけることになります。

　保証会社を立てたからといって借主の負担が減るわけでも、借主に

対して何らかの「保証」をしてくれるわけでもないので、保証料は実質的にはローンの「手数料」であると考えた方がわかりやすいかもしれません。

　なお、住宅ローンに保証会社が付いている場合、通常、その住宅ローンを担保するための抵当権の抵当権者は、お金を貸した金融機関ではなく、保証会社です。これは、次のような理由によるものです。住宅ローンに保証会社がついていて、お金を貸した金融機関が抵当権者になっていた場合、金融機関が保証会社から代位弁済を受けると、債権者は金融機関ではなく、保証会社となり、同時に抵当権者も保証会社となります。保証会社の代位弁済後も債務者が住宅ローンの残額を支払わない場合、保証会社は担保物権の競売の申立てをすることになりますが、この場合、登記簿上、抵当権者は金融機関となっているので、抵当権を保証会社に移転する登記をして、それから競売を申し立てなければなりません。

　抵当権移転の登記には、それなりの費用と手間がかかります。住宅ローンに保証会社がついている場合、競売をするのは、債権が金融機関から保証会社に移転してからということになりますので、そこで最初から金融機関ではなく保証会社を抵当権者とした登記がされているのです。

■ 代位弁済

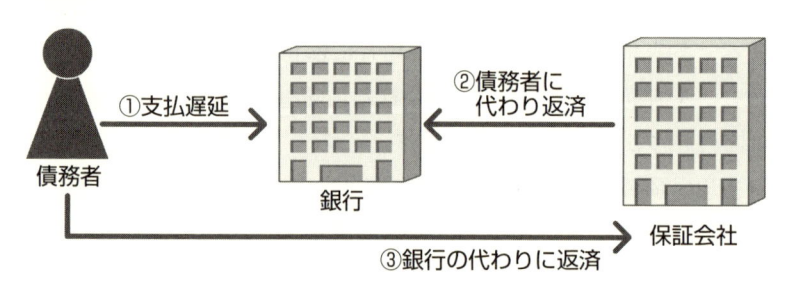

第2章

競売・任意売却の上手な利用法

1 競売や任意売却はどのように利用したらよいのか

どちらにもメリット・デメリットがある

住宅ローンの支払いが滞ったときはどうなるのか

住宅ローンは、長年に渡って支払うものです。その間に、事故や病気、リストラなどで収入が途絶え、住宅ローンの支払いができなくなることがあります。住宅ローンの支払いが滞ると、銀行は債務者からローンを取り立てるために督促状などを送ってきます。

督促状が来ても債務の支払いを無視していると、債務者の代わりに保証会社が住宅ローン債権を銀行に支払うことになります。その後は、保証会社が債権者になり取り立てをすることになりますが、それでも支払わなければ、保証会社は、債務者の自宅を競売にかけます。

競売とは

住宅ローンを設定するとき、金融機関（または保証会社）は必ず購入する自宅に抵当権（34ページ）を設定します。この抵当権は住宅ローンの支払いができなくなったときの担保として設定されます。住宅ローンの支払いが滞ると、債権者は、債務の回収をするために、債務者の自宅に設定された抵当権（担保権）を実行します。この抵当権の実行をすることを**競売**といいます。競売がなされると、自宅は裁判所の手続きによって売却されてしまいます。つまり、競売とは、裁判所の手続きにより、自宅を売却することをいいます。

任意売却とは

住宅ローンの支払いが滞ると、銀行から督促状が来ます。督促状が

来ても支払いを怠っていれば、最終的には保証会社に債権が移転し、競売となります。ただ、原則として競売前であれば銀行や保証会社に**任意売却**の提案をすることができます。任意売却とは、裁判所の手続きによらないで、自宅を売却することをいいます。売却方法は通常の不動産売買と変わりません。つまり、自宅を買ってくれる買受人を見つけて、その買受人に自宅を売却することになります。

競売と任意売却、どちらが得か

債務が膨れ上がり、自宅を売らなければ返済ができなくなった場合、競売を利用するのがよいか、任意売却を利用するのがよいかは迷うところです。どちらにもメリット・デメリットがあるので、一概には言えません。

ここでは、住宅ローン債務者の側から見た、競売、任意売却それぞれのメリット・デメリットをあげてみましょう。

■ 競売と任意売却

競売の メリット	・手続きはすべて債権者が行うので、債務者は何もする必要がない ・競売手続きは通常半年〜1年ほどはかかり、その間は自宅に住み続けることができる。場合によっては、競売手続きに2〜3年以上かかることもある。また、競売で買受人が現れなければ、ずっと住み続けられる可能性もある
競売の デメリット	・市場価格よりかなり低い金額で売却される可能性がある ・競売後の残債務については、債権者は厳格に対応することが多い（残債務を支払えなければ、破産などを考えるしかない） ・近隣の住民、その他第三者に競売を知られてしまう可能性がある ・裁判所で競売情報を閲覧した不動産業者や不動産ブローカーなどが大勢自宅にやってくる可能性がある
任意売却の メリット	・市場価格に近い金額で売却できる可能性が高い ・一般の売却と変わらない方法なので、近所の人々には、住宅ローンが支払えなくなったから売却するということはわからない ・売却後の残債務については、債権者に柔軟に対応してもらえることも少なくない ・売却代金から引越代を出してもらえることがある
任意売却の デメリット	・競売と比較して、短期間に自宅を退去しなければならないことが多い ・契約などの手続きに関与しなければならない ・先に手数料などを払わせ、任意売却がうまくいかなくても返金しない悪徳業者に引っかかることがある

② 競売について知っておこう

競売は裁判所による手続きである

■ 強制競売と担保権の実行

　不動産の競売には、強制競売と担保権の実行の2つの種類があります。手続きの開始までは、多少の違いがありますが、手続き開始後は、ほぼ同じように進行します。

　担保権の実行とは、住宅ローンを貸す際に、債務者の自宅に設定しておいた抵当権に基づいて、債務者の自宅を強制的に売却することをいいます。債権者は、債務者が住宅ローンの支払いを怠れば、登記事項証明書（抵当権の登記をしてあることを証明する書面）という書面を裁判所に提出して、競売を行います。

　一方、**強制競売**とは、債権者が抵当権などの担保権を設定していなかった場合に行うものです。強制競売をするには債務名義という、債権の存在を証明する書面が必要になります。この債務名義には、判決・公正証書・和解調書などがあります。一般的には、債権者が債務者に対して裁判を起こして、勝訴判決を得た上で、競売の申立てをすることになります。

　なお、本書では、特に断らない限り、競売とは、担保権の実行のことを指しています。

■ 競売のしくみ

　強制競売も担保権の実行も債権者が地方裁判所に対して、申立てをすることから始まります。

　裁判所は申立書を審査して、問題がなければ競売開始決定をします。

競売開始決定がなされると、対象となっている不動産には「差押え」が行われます。差押えとは、対象となっている不動産を処分できないようにすることです。つまり、債務者は差し押さえられた不動産を誰かに売るようなことはできなくなります。具体的には、裁判所から法務局（登記所）に対して、差押登記が嘱託されます。

差押えがなされた後、裁判所は競売に必要な情報の収集を始めます。情報とは、不動産をめぐってどのような債権が存在するのかということと、不動産自体にどれだけの価値があるかということです。裁判所は、登記されている他の抵当権者などに対して、期間内に債権の届出をするように催告します。届出によって、申立人の債権以外に、どれだけの債務を不動産が負担しているのが判明します。

さらに、裁判所は、執行官に対して現況調査命令を発し、不動産の占有状態などを調査させ、評価人に対して評価命令を発し、不動産の評価額を鑑定させます。この結果、現況調査報告書と評価書が作成され、裁判所に提出されます。

裁判所は提出された現況調査報告書と評価書を基に、不動産の売却基準価額（不動産を買い受けるために、支払わなければならない最低額）を決定します。そして、売却期日（期間）も決定し、それらの情報を物件明細書として、だれもが閲覧できる状態にします。これを閲

■ 競売の流れ

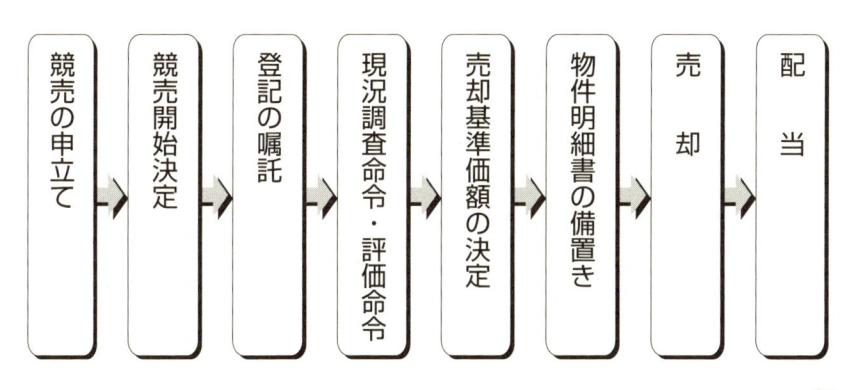

競売の申立て → 競売開始決定 → 登記の嘱託 → 現況調査命令・評価命令 → 売却基準価額の決定 → 物件明細書の備置き → 売却 → 配当

覧して競売に参加することができるのです。競売の方法としては、競り売り方式と入札方式がありますが、現在では、ほとんどが期間内での入札方式が採用されています。

　不動産を買い受けようとする者は、売却基準価額の2割を保証として、裁判所に支払い、買受の申出をします。買受の申出額は、売却基準価額の2割を引いた価額以上でなければなりません。入札でもっとも高い金額をつけた者が落札し、買受人（競落人）になります。

　競落人が代金を納付すると所有権登記も移転します。不動産の代金が納付されると、いよいよ配当段階に入ります。裁判所は配当期日を指定し、申立人や届け出た債権者たちに対して、配当期日に配当を行うことを通知します。

　納付された不動産の代金ですべての債権を満たすことができない場合には、それぞれの債権者に対する配当額は、担保権の優先順位や債権額に応じて決定されます。

　なお、不動産の強制競売手続は、最後に配当を受けるまで、比較的順調にいっても1年前後はかかります。現在のように経済状況が思わしくない場合では、数年かかることもあります。

競売期間中に生活を立て直そう

　競売は、裁判所を通した手続きなので、厳格さが求められます。そのため、調査などに時間がかかります。また、申立費用や登記手続の費用もかかります。ただ、時間と費用がかかることは、債権者にとってのマイナス要因であり、債務者にとっては関係がないか、またはメリットと言えます。競売費用は債権者が支払いますし、時間がかかればかかるほど、自宅に長く住むことができます。その間、ローンを支払うこともありません。そのため、それまでローンとして支払っていた費用を、生活の建て直しのために使うことができます。競売は落札まで1年ほどかかるので、かなりの資金を貯めることができます。

③ 競売前にはどんなことをしておくべきか

競売後の計画を立てておく

■ 固定資産税対策など競売対策をする

　住宅ローンが支払えず、債権者が競売の申立てをするとわかったら、競売に備えた対策をしておきましょう。この間に十分な対策をしておくと、後々の返済についてトラブルの発生を避けることができます。
　不動産を所有していると固定資産税を支払わなければなりません。
　固定資産税の支払通知は、市区町村から3月頃に送られてきます。原則として、税金は破産をしたとしても、支払義務がなくなりません。また、税金の滞納に対しては、役所も厳しい取立てを行ってきます。
　ただ、どうしても支払えない場合には、役所に事情を説明するとよいでしょう。誠意をもって話せば、役所のほうでも譲歩してくれることがあります。役所に相談もせずに滞納することだけは避けましょう。

■ 期限の利益喪失の対策をする

　期限の利益とは、定めた期限までは債務を支払わなくてもよいことをいいます。しかし、期限の利益が喪失することがあります。どのような場合に期限の利益が喪失するのかは、契約内容によりますが、一般には、返済の遅延が期限の利益の喪失原因になります。期限の利益を喪失した場合、債務者は、期限が来ていなくても、債務を全額支払わなければならなくなります。
　たとえば、平成20年5月に、120万円を借りたとします。平成20年6月から12回払いで毎月10万円を返済し、期限の利益は、返済が2か月滞った場合に喪失するとします。

平成20年7月までは、順調に返済していたものの、平成20年8月から返済が止まりました。9月も返済をしませんでした。2か月間返済が滞ったため、期限の利益を喪失しました。この場合、期限の利益喪失により、残りの債務額100万円を一括で支払わなければなりません。
　期限の利益を喪失すると、保証会社（39ページ）が代位弁済（39ページ）をし、その後、競売を申し立てます。そのため、期限の利益の喪失による一括請求を引き伸ばすことができれば、ローンを支払わず、長く自宅に住み続けることができます。
　たとえば、契約に、返済を2か月滞った場合には、期限の利益を喪失すると記載されていたとしても、すぐさま一括請求されるとは限りません。債権者としても競売など面倒なことはしたくありません。一括請求するかどうかは債権者しだいなのです。債権者は、まず催告書を送って来ます。支払わない限り、毎月のように催告書が送られてきます。催告書の回数はどんどんふえていきますが、ある程度催告書がたまってきた時点で、それまで滞納していた金額のいくらかでも支払っておくと債権者の競売申立てを防ぐことができます。その際には、丁重な詫び状なりを送付しておけばより効果が増します。これでいくらか時間を稼ぐことができます。最終的には、競売や任意売却により、自宅を失うことになりますが、これをある程度繰り返せば、その間に、資金を貯めることや、競売後の対策のための時間が稼げます。

■ **期限の利益の喪失** ………………………………………………

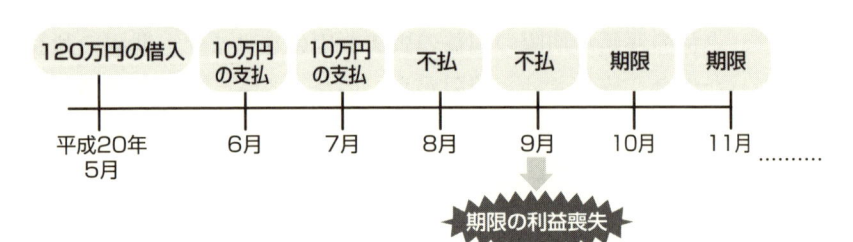

120万円の借入	10万円の支払	10万円の支払	不払	不払	期限	期限
平成20年5月	6月	7月	8月	9月	10月	11月

9月 → 期限の利益喪失 → 残債務100万円を一括で支払う

48

④ 任意売却について知っておこう

競売によらない売却方法

■ 任意売却とは

　債務者が、住宅ローンを支払えなくなった場合、一般には、住宅に抵当権を設定している銀行や保証会社などの債権者（担保権者）が、抵当権などの担保権を実行して、住宅ローンとして貸している金銭を取り戻します。

　一方、任意売却というのは、住宅の所有者（債務者）と債権者が協調して、裁判所の関与なしに住宅を売却することをいいます。任意売却といっても、特別な方法で売却をするわけではありません。買受人を見つけ、売買契約を締結するだけです。通常の不動産売買と基本的には変わりません。

　任意売却は、競売によって不動産を売却するよりはメリットがあると言われています。

　たとえば、債務者が債権者のために、1500万円の住宅に抵当権を設定して、1000万円を借り受けたとします。このときに、債務者が借金を返すことができなくなって、債権者が競売の申立てを行っても、1500万円の住宅は、競売市場では3割減の1000万円弱の価額しか設定されません。しかも、売れるかどうかわからない上に、手続も煩雑で時間がかかるとなると、債権者としてはすぐにでも売り飛ばして換金したいと思うはずです。

　住宅を買い受ける買受人にしても、面倒で時間がかかる競売手続を省略して、物件を手に入れることができれば願ったりです。

　また、債務者にとっても競売よりも高く売れれば、債務の返済が楽

になるというメリットがあります。

　上記の問題を満たすのが、任意売却です。つまり、債権者、債務者、買受人の誰もが得をする制度といえます。ただ、注意してほしいのは、ケースによっては、任意売却よりも競売のほうがよい場合があります。

　単純に任意売却が競売よりも得だとはいえないこともあるのです。

競売申立費用がかからない

　債権回収方法の一つである任意売却のメリットを理解する前提として、競売（強制競売を含む）のデメリットを説明することにします。

　以下の競売のデメリットは債権者にとってのデメリットであり、債務者には関係がないように思われます。しかし、債務者としても、競売のデメリットを知ることは、競売を利用したほうがよいのか、任意売却を利用するのがよいのか、を選択する判断材料になります。

　まず、競売のデメリットとして挙げられるのが、競売申立費用の負担です。競売を申し立てるには、登録免許税（申立時）や予納金（さらに、追加料金が加算される場合あり）、郵便切手代、申立印紙代を納める必要があります。

　しかし、任意売却の場合は、申立時に裁判所を利用しませんので、これらの費用は当然負担しないですみます。

競売手続より迅速に債権回収が可能

　次に、競売のデメリットとしては、時間と手間がかかるということが挙げられます。競売は、主宰者の立場にある裁判所がどれだけ工夫して迅速化を図ったとしても、金融機関の申立てから買受人の落札が決まるまで、半年はかかってしまいます。競売では、申立後、裁判所が不動産の調査をしますが、その手続きだけでも最低3か月はかかります。

　また、競売では、債権者に対する配当要求の手続きや入札手続が設

定されることもあります。ですから、裁判所がどれほど手続の迅速化を図っても、申立てから半年近くはかかってしまうのです。

　しかし、任意売却の方法であれば、前述したような手続きを考慮する必要がないので、その分手続の迅速化を図ることが可能になります。仮に、任意売却の手続の中で時間や手間がかかる場合があるとすれば、各債権者との利害調整や買受人探しに難航した場合でしょう。ただ、これらの事情は期間の短縮の問題も含めて、債権者および債務者の腕しだいでどうにでもなるものと考えてよいでしょう。

競売では回収額がかなり低くなる場合がある

　競売では、1回目の入札で落札者がいなくても、3回まで申し立てることができます。しかし、3回目で落札者が現れないと、以後、申立てが認められなくなってしまいます。最初の入札の申立ての段階では、競売不動産の最低売却額（売却基準価額）は、実勢（市場）価格の約3割減の価額が裁判所によって設定されます。

　たとえば、実勢価格3000万円の不動産は、2100万円で売り出されることになります。入札がなかった場合は「特別売却」となります。特別売却とは、入札期間中に、不動産を買い受ける者が現れなかった場合に、入札期間経過後に、裁判所が先着順で、不動産を販売する方法のことです。特別売却でも買付けの申出がなかった物件は価額を下げて（たとえば3割減）、再度入札に付されます。その結果、上記の例では1470万円でたたき売りされてしまうことになりますが、この価額で落札されても満足な債権回収を図ることができないのは明らかです。

　しかし、任意売却であれば、そこまで価額を落とさなくても買受人を探すことは可能でしょう。もちろん、そのような事情は物件にもよるので、一概に言えることではありません。

　ただ、競売を申し立てても売れるかどうかわからない上に、価額を7割減まで落としてしまう可能性がある競売のデメリットは、任意売

却によって回避できると考えてよいでしょう。

買受人にもメリットがある

競売によって買い受ける場合でも、抵当権を設定することができるので、第三者（親戚などを除く）である買受人は、銀行から融資（住宅ローン）を受けることができます。ただ、実際には、融資を受ける買受人が、競売で落札をすることができるのかどうかが不確実であるため、銀行が融資を認める可能性が低いのが現実です。

一方、任意売却の場合、通常の不動産の売買なので、銀行からの融資が認められる可能性は高いといえます。そのため、幅広く買受人を集めることができ、売却の可能性が高まります。

■ 競売のデメリット

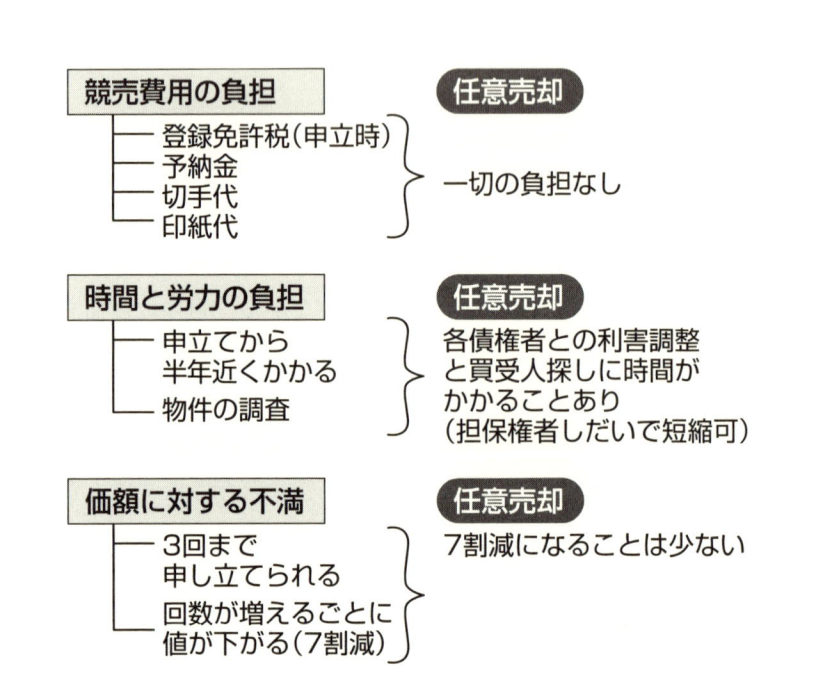

競売	任意売却
競売費用の負担 ― 登録免許税（申立時） ― 予納金 ― 切手代 ― 印紙代	一切の負担なし
時間と労力の負担 ― 申立てから半年近くかかる ― 物件の調査	各債権者との利害調整と買受人探しに時間がかかることあり （担保権者しだいで短縮可）
価額に対する不満 ― 3回まで申し立てられる ― 回数が増えるごとに値が下がる（7割減）	7割減になることは少ない

5 任意売却手続きの流れを知っておこう

利害関係人との調整が必要な場合もある

■ 任意売却を選択する

　任意売却は、一般には、債権者が提案してくる場合が多いのですが、債務者が債権者に提案することもできます。どちらの場合にも、相手方の同意が必要になります。債権者は競売を好まないので任意売却をする可能性が高いといえます。一方、債務者は、破産する可能性が高ければ、競売のほうが自宅に長く住むことができるので競売を選び、破産をする可能性がなければ、高く売却できる任意売却を選んだほうが得だと一般にはいえます。ただ、どちらを選択すればよいのかは、さまざまな要因があるので、慎重な判断が必要です。

■ 不動産業者に買受希望者を探してもらう

　任意売却において重要なことは、住宅を買い受ける買受人を見つけることです。

　買受人を見つける方法としては、不動産業者に全面的に依頼するのが手っ取り早いといえます。その際、不動産業者の選定には慎重にならなければなりません。買受人が見つかったら、買受意思を明確にしておくために、買付証明書を作成して署名をもらっておいてください。

■ 利害関係人との調整を図る

　任意売却の登場人物は、基本的に債権者、債務者、買受人ですが、他に複数の債権者がいる場合があります。たとえば、住宅に2番、3番の抵当権者（37ページ）がいたり、債務者が税金を滞納して国など

の差押えがなされていたりすることは珍しくありません。

　このような場合には、後順位の担保権者に担保解除料を支払ったり、国や地方自治体などに差押を解除してもらう旨の交渉をする必要が出てきます。ただし、それらの権利がついたまま買い受けてもかまわないという買受人がいれば話は別です。そのような買受人ばかりなら金融機関も苦労しないですむのですが、通常は、付着している権利をすべて抹消しないと、任意売却は成功しないと考えておいてください。

売買契約書の調印

　買受希望者の意思確認、利害関係人の調整が終わったら、買受希望者との間で売買契約書にサインします。それがすんだら、契約に基づいて買受人が債権者に代金を支払い、後日、利害関係人らに配分表に基づいた支払いをすることになります。

■ 任意売却手続の流れ

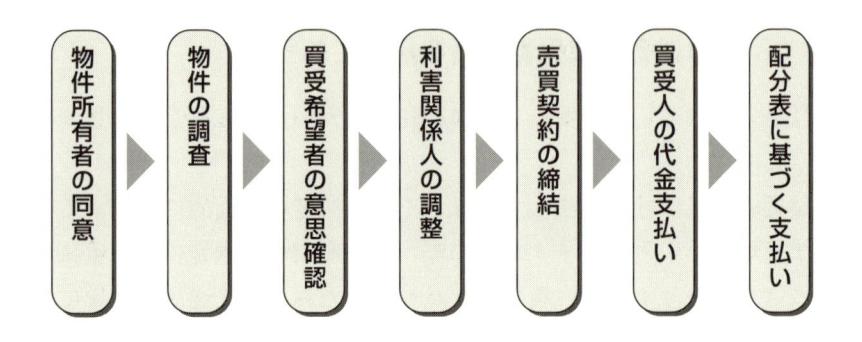

物件所有者の同意 → 物件の調査 → 買受希望者の意思確認 → 利害関係人の調整 → 売買契約の締結 → 買受人の代金支払い → 配分表に基づく支払い

6 債権者との交渉過程で気をつけること

早めに交渉を開始する

■ 任意売却をするには

　債権者に、「任意売却をしたいのですが」といっても、債権者が簡単に任意売却に同意することはありません。たしかに債権者は競売よりは任意売却を好みますが、債権者が本当に望んでいるのは、担保をとったまま、債務者がローンを払い続けることなのです。そのため、担保が消えることになる任意売却に簡単に同意するはずがありません。
　そのため、債務者としては、支払いを遅延するなどの手を打つ必要があります。債権者に任意売却をしたほうがよいと思わせなければならないのです。

■ 任意売却を切り出すタイミングは

　自宅を維持したままでは、債務の返済が不可能になった場合には、銀行や保証会社などの債権者に競売を申し立てられる前に、債務者から任意売却を切り出したほうがよいでしょう。その場合、買受人および買受額も決めておくと、銀行などの債権者との交渉もスムーズにいきます。ただ、銀行などの債権者としては、任意売却を切り出したことで、こちらの財産状況が悪化したことを把握し、さまざまな対策をとってくることが予想されるので、任意売却を提案するときは、十分な準備をしておくべきです。

■ ローンの支払を停止させることもできる

　任意売却の提示を銀行などの債権者にした際に、住宅ローンが支払

えないことも伝えておくとよいでしょう。ローンを支払えないことと任意売却をしたいことを債権者に伝えておけば、その後、ローンを支払わなかったとしても、債権者から催告状などが送達されることがありません。債権者としては、対処方法を考えている段階なので、ある程度の支払いの猶予がなされるのです。

競売後に任意売却を提案するのもひとつの手段

債権者が競売（44ページ）を申し立てた後に、任意売却を提案する方法もあります。競売の申立てをすると、裁判所は不動産の調査をし、売却基準価額（46ページ）を決定します。この売却基準価額が、その不動産の落札価額の基準になります。

債務者としては、売却基準価額が決まった後に、任意売却の交渉を始めることもできます。競売は、不動産の買受人が買受の申出をするときまでは、取り下げることができます。そのため、競売後でも、任意売却をすることができるのです。

売却基準価額が決まった後に、任意売却の交渉をするのは、売却基準価額が、競売によって債権者が回収できる金額の基準になるからです。

売却基準価額が決まるまで、債権者は、競売によって回収できる金額がわかりません。そのため、競売がされる前に任意売却の提案をしても、債権者が、債務者が提示した任意売却価格よりも競売をしたほうが、高く売れると思えば、債権者は、任意売却を拒否してしまいます。

そのため、売却基準価額が決まり、競売で回収できる金額がわかれば、債務者としては、売却基準価額よりもいくらか高い金額を任意売却価格として提示すれば、債権者が競売を取り下げ、任意売却に応じる可能性が高くなります。

7 債権者が任意売却をもちかけてきたら

債権者のペースには乗らない

■ 買受人の選択は債権者には任せない

　住宅ローンの支払いが滞った場合、債権者は、担保にとっている不動産を競売にかけます。ただ、競売は費用や時間がかかることもあり、落札によって得られる配当額も一般には低いので敬遠することがあります。また、競売をした後は、残債権が無担保債権になってしまうことも敬遠の理由になっています。

　つまり、競売をしたとしても、競売代金で債権を全額支払うことができなかった場合には、債務が残ります。当然、この残債務は債権者に支払わなければなりません。

　ただ、債務者が残債務を支払わなかった場合、債権者は残債務の回収が難しくなります。残債務が支払われない場合、債権者が債務者から強制的に債権を回収する方法は、強制執行（債務者の財産を強制的に売却すること。不動産だけでなく動産や債権も含む）しかありません。すでに債務の担保にしていた担保権を実行（競売）した後では、債務者に対する債権は担保のない債権（無担保債権）になっているからです。

　強制執行をするには、債務名義という書面が必要になります。この債務名義には、判決、和解調書、調停調書、公正証書（執行証書）などがあります。一般は、債務者に対して訴訟を提起して勝訴し、判決を得ることになります。

　しかし、裁判は時間と費用がかかります。また、強制執行される前に債務者が財産を処分する可能性もあります。債権者が、時間と費用

をかけてまで、回収の保証のない裁判を起こす可能性は少ないといってよいでしょう。そのため、競売を敬遠したい債権者が、債務者に任意売却を要求してくる場合があります。

このとき、もし銀行などの債権者が、売却を行う不動産業者を指定してきたら注意をしなければなりません。この時点で、債権者にはシナリオができているのです。債権者が指定した不動産業者に売却の依頼をすると、かなり早い段階で買受人が見つかったという連絡が、債権者から入ります。債権者は、売却額を住宅ローンの足しにし、残りの債務があれば、その債務について公正証書の作成を要求してきます。

公正証書とは、簡単にいえば44ページで述べた債務名義になる書面のことです。時間や費用をかけてようやく手に入れることができる判決に比べ、すぐに作成することができます。公正証書があれば、債務者が残債務を支払わない場合、直ちに債務者の財産に強制執行をかけることができます。作成方法は簡単で、公証役場という役場に行き、法務大臣に任命された公証人に依頼すればよいだけです。費用もあまりかかりません。

債権者としては、不動産の売却により、担保が消えてしまうので、公正証書を作成してほしいわけです。このような要求は、債務者にとってはあまりに不利なものであるため、断るべきです。公正証書を作成するということは、新たな担保をとられたということですから、なんら解決にはなりません。むしろ、状況を悪くするだけです。

■ 銀行のシナリオ

任意売却の提案 ▶ 銀行の指定する不動産業者に売却依頼 ▶ 自宅を任意売却 ▶ 残債務に対して公正証書の作成 ▶ 債務者の支払不能 ▶ 公正証書で強制執行

8 任意売却にむけて債務者がしておくこと

任意売却をするべきかどうかを慎重に検討する

不動産の価格を調べる

　不動産を任意売却するにしても、自宅の価格が現在いくらなのかを知っておく必要があります。

　たとえば、5年前に5000万円で購入したマンションが、現在2500万円になっており、ローン残高が4000万円あるとします。つまり、不動産の価格よりも、ローンのほうが多いということになります。

　このようなケースの場合、ローンを払い続けるよりは、任意売却をしたほうが得策であることがわかります。

　また、任意売却を考える前には、必ず債務額の把握もしておきましょう。正確な債務額を知らなければ、今後の方針を決めることができません。債務額によっては、任意売却により自宅を失わなくても住宅ローンを返済することができます。

　債務額を把握するのは簡単です。返還表などで毎月の支払額、利息額、債務残高がわかります。銀行などに連絡してもよいでしょう。

返済方法を見直してもらう

　住宅ローンの返済ができなければ、直ちに任意売却というわけではありません。まずは債権者と話し合ってみるべきでしょう。自分の収入や財産状況を話し、返済方法を見直してもらうのです。この返済方法の見直しを**リスケジュール**といいます。うまくいけば、現在の返済額を減額してもらうことができます。ただ、結果として支払金額は以前と変わらないので、後でしわ寄せがくることになります。そのため、

リストラをされ、無給状況にある場合など、今をしのげればなんとかなるという状況でしたら、リスケジュールは意味がありますが、今後の収入などに変化がないようでしたら、リスケジュールではなく、任意売却をしたほうがよいかもしれません。

期限の利益を喪失するまで

　住宅ローンの返済が不可能になった場合で、任意売却をすることを決めたのなら、早めに債権者に対して任意売却を行う旨を伝えるとよいでしょう。

　任意売却ができるのは、原則として、競売の申立てがなされるまでです。そして、競売の申立ては通常、期限の利益（47ページ）を喪失したときになされます。住宅ローンであれば、月々の支払い日がくるまでは、ローンを支払わなくてもかまいません。ただ、支払い日に支払えないと、この期限の利益を喪失することになります。期限の利益が喪失すると、債務者は、そのまで分割して支払っていたローンを一括して支払うことになります。

　しかし、実際に、一括で支払うことは不可能です。そのため、支払不能となり、債権者（代位弁済をした保証会社）によって競売の申立てがされます。

　競売が申し立てられても、債権者との交渉次第では、競売の取りやめがなされ、任意売却をしてもらうことができますが、交渉が決裂すれば、競売による売却になります。

　競売による売却でもかまわないのであれば問題はありませんが、任意売却で親戚に売る（61ページ）ことなどを検討していたような場合には、計画を立て直さなければなりません。任意売却を決めたのであれば、早めに債権者との交渉に入りましょう。

⑨ 自宅を親戚に売却し、貸してもらう方法もある

親戚にもメリットがあることを示す

■ 任意売却を利用して住宅に住み続ける方法

　任意売却をうまく利用することで、自宅に住み続ける方法があります。それは、親戚や知人に、任意売却で住宅を購入してもらうのです。その上で、住宅の所有者となった親戚などから、住宅を借り受けます。
　つまり、自宅を売り払う代わりに、新しい所有者に賃料を支払うことで、これまで通り住み続けることができるようになります。
　親戚や知人でしたら、買受人を探す手間も省けます。ただ、この方法は、親戚などに自宅を購入するだけの金銭がなければなりません。ほとんどの銀行では、親戚間による住宅の売買で住宅ローンを認めてはいません。そのため、一括で支払うことのできるだけの金銭的余裕がある者でなければならないのです。
　不動産業者が紹介した業者や人が購入者となり、自宅を賃貸物件として貸してくれる場合もありますが、このようなケースはほとんどないといってよいでしょう。
　そのため、任意売却を使って自宅に住み続けるには、一定の条件が必要であることを知っておく必要があるでしょう。
　なお、仮に親戚に金銭的な余裕があったとしても、わざわざ、そのような大金をはたいて、任意売却に協力してくれるだろうかという疑問があります。
　そのため、親戚にも任意売却をすることにより、メリットがあることを示す必要があります。
　たとえば、親戚に2000万円で自宅を購入してもらいます。その上で

月々の家賃を、10万円にしてもらいます。親戚には年間120万円の家賃収入が入ることになります。利回りは年6％になります。銀行預金に比べれば、かなりの高金利といえます。

競売を利用して親戚に買受人になってもらう

愛着のある自宅に住みつづけたいと思った場合、任意売却で親戚などに自宅を買ってもらい、その後、その親戚から自宅を借り受けるという方法がありました。

一般には、任意売却のほうが競売をするより利益が得られるので、債権者も納得する可能性が高いのですが、こちらが提示した売却額では納得しない債権者もいます。

そのような場合、債権者が競売の申立てをするのを待ち、競売が申し立てられたら、親戚に入札してもらうという手があります。つまり、親戚に競売で落札してもらうのです。

■ **任意売却で住み続ける方法**

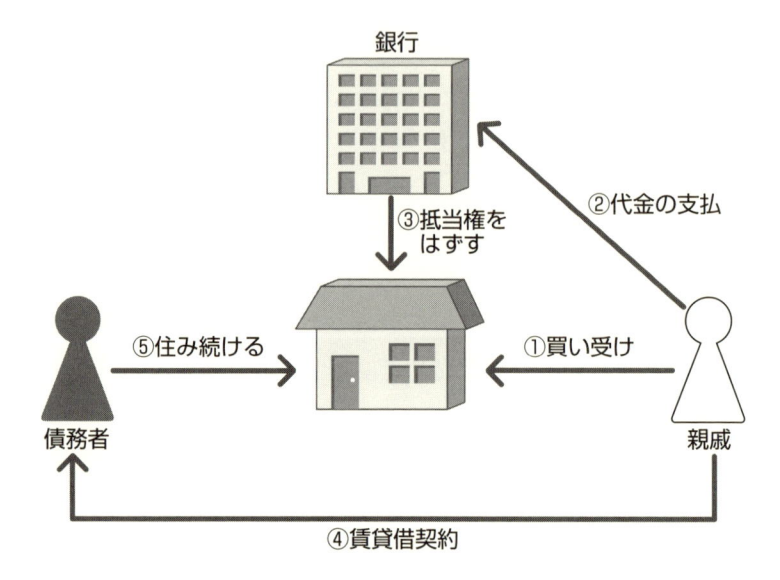

ただ、競売の場合、任意売却とは異なり、必ず手に入れられるという保証がありません。競売で他の買受人が親戚よりも高額の買受額を提示すれば、その者に自宅を取られることになります。

　また、他の買受人の提示する買受額よりも高い買受額にしなければならず、自宅の状況（築年数、立地など）によっては、任意売却よりも高額の買受額にしなければならないこともあります。

　一方、自宅の状況がよくなければ、任意売却よりも、低い値で買い受けることができる可能性もあります。ただ、必ず買い受ける必要があるので、落札するために必要以上の買受額を提示しなければならないという心理的なプレッシャーがあります。

　親戚に落札してもらった後は、任意売却の場合と同じように、親戚から借り受けることになります。

■ 競売で住み続ける方法

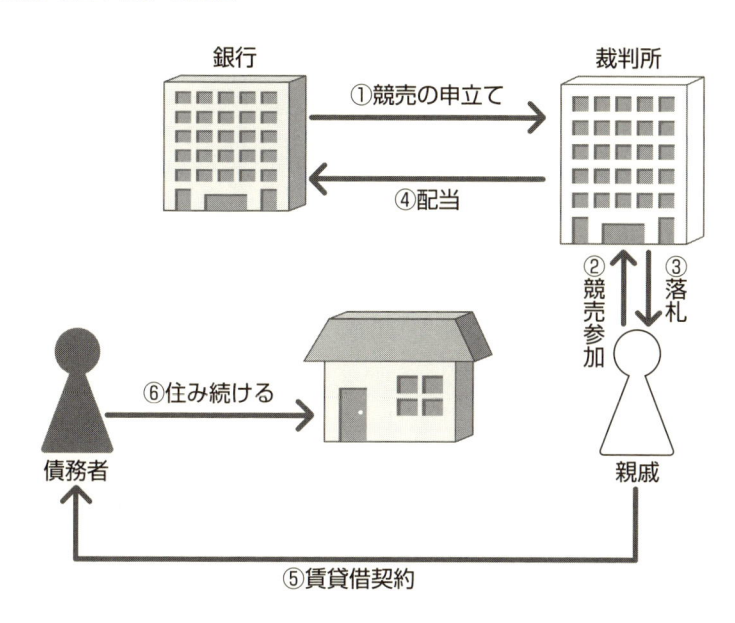

銀行 ①競売の申立て → 裁判所
裁判所 ④配当 → 銀行
裁判所 ②競売参加 ③落札 親戚
債務者 ⑥住み続ける → 自宅
親戚 ⑤賃貸借契約 → 債務者

10 その他にも債務を圧縮する方法はある

個人民事再生を利用することで返済を楽にする

■ 個人民事再生を利用する

　債務の返済額が多く、自宅を失うことは避けられない場合には、競売であろうが任意売却であろうと債務者にとっては関係がないように思われます。ただ、任意売却は競売に比べて、高く売れる可能性が高いため、破産にまで至らない状態であれば、任意売却を利用し、債務返済の足しにするとよいでしょう。

　また、個人民事再生（小規模個人再生または給与所得者等再生）も同時に利用すると、さらに債務の返済を楽にすることができます。

　たとえば任意売却後の住宅ローンの残債務が500万円で、他の債務が200万円であり、合計700万円の債務があった場合、個人民事再生（小規模個人再生）を利用すれば、債務額を700万円の5分の1である140万円に圧縮することができ、この140万円を原則として3年間で弁済すればよいのです。ただし、小規模個人再生を選択した場合でも、財産が140万円を超える場合には、その財産額（財産額が700万円を超える場合は700万円）を弁済しなければなりません。また、給与所得者等再生を選択した場合には、財産が140万円を超えなくても、140万円を超える金額を弁済しなければならないことがあります。

　なお、個人民事再生は、住宅ローンの債務額を除いた債務額（担保付の債務がある場合は、担保不足見込額）の合計が5000万円以下でなければ利用できません。任意売却後の住宅ローンの残債務は、この意味での「住宅ローンの債務額」には該当しないので、注意が必要です。たとえば住宅ローンの残債務が1000万円で、その他の債務額の合計が

4500万円である場合、「住宅ローンの債務額を除いた債務額の合計」は5500万円となり、もはや個人民事再生を利用することはできません。

サービサーに債権が譲渡されることは不利ではない

　任意売却や競売を行っても、債権が残った場合、債権者が最後にとる手段は、債務をサービサーに譲渡することです。
　サービサーとは、債権回収を専門に行う会社のことです。
　それまでは、債権回収業務は、弁護士だけにしか許されていなかったのですが、議員立法によって「債権管理回収業に関する特別措置法」

■ 任意売却と個人民事再生を利用した債務の圧縮方法

```
住宅ローンの残債務　2500万円
　　　他の債務　200万円
          ↓
任意売却により自宅を2000万円で売却
          ↓
任意売却後の住宅ローンの残債務　500万円
　　　他の債務　200万円
          ↓
個人民事再生により700万円を140万円に圧縮
          ↓
140万円を3年間で返済
          ↓
年間約47万円を返済すればよい
```

（サービサー法）が成立し、施行日である平成11年2月1日以後はサービサーによる債権回収が認められています。

サービサー自体について不信感を抱いている人もいるかと思いますが、法務大臣が許可を与えた機関ですので、回収についての適法性は認められています。トラブル発生時にも、的確な対応が行なわれるので、回収作業に伴うリスクを軽減できるといったメリットもあります。

債権者から債権を譲り受けたサービサーは、債権者から買い取った額面より多くの金銭を債務者から回収しようとします。実際は、二束三文で債権を買い取るので、サービサーとの交渉次第では、債務を減額できる可能性があります。

サービサーは、債権者とは違い、残りの債務をすべて取り立てようとはしません。サービサーに譲渡される債権のほとんどは債権者が取立てを諦めた債権だからです。サービサーとしては、いくらかでも回収できればよいという考えなのです。そのため、交渉次第ではかなりの額まで債務を減額することができます。債務者としては、支払える金額を提示し交渉をしていくとよいでしょう。

交渉次第では分割支払いをすることもできますが、一括にすると、債務の返済額をより減額してもらえることがあります。

第3章

個人民事再生で
マイホームを守ろう

1 個人民事再生について知っておこう

住宅ローンに関する特則で自宅を守る

個人民事再生と併用する

個人民事再生とは、個人の債務者が債権者との話し合いに基づいて、債務者が完全に破たんしてしまう前に、なんとか再生が図れるようにすることをめざした制度です。個人民事再生には、**小規模個人再生**、**給与所得者等再生**の２つがあります。また、**住宅ローンに関する特則**は、小規模個人再生または給与所得者等再生と併用して利用することができます。

つまり、住宅ローンだけでなく、他にも債務がある場合に、自己破産をしてしまうと、自宅を失うことになります。このような場合に、個人民事再生を利用すると、住宅ローンの支払期限などを延長し、それ以外の債務は大幅にカットすることができます。

小規模個人再生

この手続は、個人で商売をしている場合のように、継続的または反復的に収入を得る見込みがあって、債務総額が5000万円を超えない個人が利用できます。ここでいう債務総額は、住宅ローンなどを除いた借金をいいます。たとえば、借金総額が7000万円あっても、そのうち2500万円分には住宅ローンなどで抵当権が設定されているという場合には、この手続の対象になります。

小規模個人再生では、３年間（特別な事情があれば５年間）で弁済するのが原則です。また、再生計画の認可決定には、債権者の書面による決議が必要になります。

■ 給与所得者等再生

　会社員のように、給与などの定期的な収入が見込め、変動幅が少なく、債務額が5000万円を超えない個人であれば、給与所得者等再生が利用できます。

　この手続では、再生計画案を提出する前2年間の可処分所得額を3年間で弁済するのが原則です。**可処分所得**というのは、収入額から生活維持費の額（その算定方法は政令によって定められています）を差し引いた額のことです。再生計画の決定には債権者の決議は不要です。可処分所得の算出方法について知りたい場合には144ページ以下を参照して下さい。

■ 住宅資金貸付債権（住宅ローン）に関する特則

　住宅ローンを抱えた債務者が返済に窮するようになった場合でも、住宅ローンについては従来どおり返済するか、返済スケジュールを組み直すなどしてローンの支払いを継続すれば一度手に入れた住宅を失わずに再生できるという制度です。

■ 個人民事再生のしくみ

- **小規模個人再生**
  自営業者などで、継続・反復した収入のある債務者が対象

- **給与所得者等再生**
  会社員のように給与等に変動がなく、定期的な収入が見込める債務者が対象

- **住宅資金貸付債権（住宅ローン）に関する特則**
  民事再生手続の際にこの特則を受ければ、住宅ローンを抱えた人が自宅を失わずに再生できる可能性が高くなる

② 個人民事再生の対象債権はどうなっている

再生手続の対象から除かれる債権もある

■ 一般優先債権と共益債権は再生債権ではない

　個人民事再生で、整理の対象となる債務は**再生債権**と呼ばれます。再生債権は、「再生手続開始前の原因に基づいて生じた財産上の請求権」、つまり一言でいえば、債務者が負っている借金ですが、この借金の中に、いくつか除かれるものがあります。

　まず、一般優先債権が除かれます。再生手続のために裁判所に納める手数料や所得税・住民税などの租税、健康保険料、国民年金保険料、罰金や科料、過料がそうです。事業主として人を雇っているような場合の未払い賃金も一般優先債権にあたります。これらの債権については、再生手続とは別個に、債務者は随時返済しなければなりません。

　次に、共益債権です。これは、再生計画の遂行のために必要な費用などです。債務者が事業を営んでいるような場合には、事業を継続することに欠かすことができない原材料の購入費用などが共益債権に該当し、また事業者でなくても電気・ガス・水道料金なども共益債権となります（ただし、上記のものはその購入や利用の時期によっては共益債権となりません）。

　いずれにしても、この2種類の債権については、何とか支払っていかなければなりません。これ以外の借金であれば、元本も利息も、手続開始までに発生した遅延損害金も、すべて再生債権として、圧縮されていくことになります。

　もちろん、銀行や信販会社、消費者金融、商工ローンなどのあらゆ

る借入れ先からの借金が対象になります。身内からの借金や、友人からの借金も入ります。また、だれかの保証人になっている場合には、その保証債務も再生債権に入ります。

担保付債権も対象外である

担保付債権も対象外です。抵当権などの担保が設定されている債権は、破産手続の上でも**別除権**といって、他の一般の債権者とは別に返済を受けることになります。

ただ、最近は不動産価格が大幅に下落して、抵当権ではカバーできない部分（担保不足額）もでてきています。その部分については再生債権に含めることができます。

なお、住宅ローンに関する特則の適用を受けた場合、住宅ローンの残債務額全額が再生債権から除かれます。つまり、通常、住宅ローンには抵当権が設定されていますが、この場合、住宅ローンの残額から抵当権でカバーできる額を引いた額（担保不足額）が再生債権になるのではないということです。

■ 小規模個人再生に関する債権

債権名	内容	弁済方法
共益債権 一般優先債権	再生計画遂行に関する費用、労働債権、租税など	減額や免責などの対象にはならない
担保権付債権	別除権を有する債権のこと。一般債権者とは別に弁済を受ける	別除権を行使して弁済を受けることができる
再生債権	共益債権、一般優先債権、担保権付債権を除いた債権	再生手続き開始後は再生計画によって弁済する

③ 借金総額が5000万円以下であることが条件

抵当権などで担保される債権は除外される

■ 債務総額5000万円以下というのは

　一口に「債務総額5000万円以下」とは言われますが、個人民事再生を利用するためには少々計算が面倒ですので注意してください。

　まず、住宅ローンがない場合や住宅ローンがあっても住宅ローンに関する特則の適用を受けることができない場合（あるいは自発的に住宅ローンに関する特則の適用を受けない場合）は、①自分が抱えている債務額の合計を算出します（利息制限法の利率を超えている債務については、引直し計算をします）。②別除権（再生債務者の財産に対して抵当権などの担保権を設定していれば、再生手続によることなく担保権を実行して、債務を回収することができる）の行使によって弁済が見込まれる分（たとえば不動産の時価）を引きます。

　住宅ローンがあり、住宅ローンに関する特則の適用を受ける場合は、上記の①は住宅ローンの残額を除いて算出し、後は上記と同様です。

　こうして最後に残った借金が、総額で5000万円以下であれば、個人民事再生が利用できます。これから先は、こうして残った借金を単に「債務総額5000万円以下」と呼ぶことにします。

　なお、上記の計算方法はあくまでも簡略化したものです。実際には、再生債権者は、債権の元本及び再生手続開始決定の日の前日までの利息・損害金を再生債権の額として主張することができます。そこで、上記のように計算した元本の合計が5000万円ぎりぎりであった場合、利息・損害金を上乗せすることによって5000万円を超え、再生計画の認可決定が得られない場合がありますので、注意してください。

■ 試しに計算してみる

　たとえば、次のような借金がある人が個人再生手続を利用できるかどうかを考えてみます。
① 住宅ローン債務があり、住宅ローンに関する特則の適用を受けられる可能性が高い。
② 住宅以外に不動産を持っており、抵当権付の債務がある（これについては住宅ローンに関する特則の適用は受けられない）。
③ 住宅ローンを含めた債務総額は1億円である。

　まず、債務総額1億円から、住宅ローンの残額（2000万円とします）を引きます。

> 1億円－2000万円＝8000万円（住宅ローン以外の債務額）

残り8000万円の債務額のうち、約定利率が利息制限法所定の制限利率を超えている債務額が1000万円であった場合、これを8000万円から引きます。

> 8000万円－1000万円＝7000万円

上記の1000万円の債務を引直し計算した結果、500万円となった場合、7000万円にこの500万円を足します。

> 7000万円＋500万円＝7500万円

また、3000万円の債務について、不動産に抵当権が設定されており、抵当権を実行すると債権者が2700万円の弁済を受けることができる（つまり、不動産の時価が2700万円である）場合、7500万円から2700万円を引きます。

> 7500万円－2700万円＝4800万円

よって、債務総額は4800万円となり、このケースでは一応、個人民事再生手続の申立てをすることができますが、再生手続開始決定までの利息・損害金を含めると5000万円を超えることも考えられ、この場合には再生計画は不認可となってしまいます。

④ 個人民事再生の手続の流れを見ておく

申立て後、再生計画案を堤出、認可を受ける

■ 手続開始の申立てではじまる

　住宅ローンに関する特則は、個人民事再生手続きと併用して利用することができます。ここでは、基本となる個人民事再生手続きの流れについて見ていくことにします。

　個人民事再生手続は、再生手続開始の申立てによってはじまり、再生計画の認可決定が確定することによって終わります（その後、弁済ができなくなった場合などには一定の手続きをとる必要があります）。

　再生手続開始の決定がなされれば、強制執行（57ページ）などをすることができません。もし強制執行などの手続がなされていれば中止されます。裁判所は、手続開始の決定と同時に、「債権届出期間」と「再生債権に対する一般異議申述期間」を定め、これらを官報に掲載（公告）するとともに、申立ての際に裁判所に知らされている債権者に対して再生手続が開始されたことを記載した書面を「債権者一覧表」といっしょに送付します。

■ 債権調査手続はどうする

　債権者は、送られてきた債権者一覧表に記載されている自分の債権の内容に異存がなければ、あらためて債権届出をする必要はありません。債権者一覧表に記載されていない債権がある場合や、記載されている債権の内容（債権額など）に異存のある債権者は、債権届出期間内に裁判所に対して債権の届出をしたり、異議（反対意見）を述べたりすることができます。異議の申述があった場合は、債権の評価制度

■ 個人民事再生手続きの流れ

```
●債務者が個人であること
●債務の総額が5000万円を超えないこと
●将来において継続・反復して収入を得る見込みがあること（小規模個人再生の場合）
●給与または定期的収入を得る見込みがあって、その金額の変動の幅が小さいと見込めること（給与所得者等再生の場合）
```

↓

個人民事再生手続開始の申立

↓

再生手続きの開始決定が出る

- 裁判所が債務者の財産を調査
- 報告書の提出
- 再生債権の提出 → 再生債権の評価

↓

再生計画案を提出する

・小規模個人再生では書面による債権者の決議が必要
・給与所得者等再生では債権者の意見聴取必要

↓

再生計画を認可・再生債権の確定

↓

返済計画の履行

計画の履行完了まで数年かかる

(裁判所が個人再生委員の意見を受けて、債権の額などを評価すること）という手続によって、債権の存否および額、または担保不足額などが確定されることになります。

◼ 再生計画案の作成と決議・認可

再生計画案は債務者（または代理人）が作成して、裁判所の定める期間内に裁判所に提出しなければなりません。なお、裁判所によって個人再生委員（債権の評価など裁判所の補助を行う者。弁護士が選任されることが多い）が選任されている場合は、適正な再生計画案を作成するように再生委員から勧告を受けることもあります。

小規模個人再生の場合は、再生計画案について債権者の書面による決議を受けることになります。給与所得者等再生の場合は、再生計画案が債権者の決議に付されることはありませんが、裁判所は債権者の意見を聴くことがあります。

◼ 再生手続の終結

小規模個人再生の場合は、再生計画案が債権者によって可決されたとき、給与所得者等再生の場合は債権者の意見聴取期間が経過したときに、裁判所は不認可事由がなければ認可決定を行います。この認可決定が確定すれば、手続は終結します。

認可決定が確定した後は、計画の変更やハードシップ免責（再生計画を遂行することができなくなったときに、残りの債務を免責する制度）、再生計画の取消（債務者が再生計画で定めた計画通りに債務を履行しない場合に裁判所が再生計画を取り消すこと）などの特別の場合を除いて、裁判所は関与しません。また、個人再生委員が選任されている場合も、再生委員は再生計画の遂行について関与することはありません。

⑤ マイホームを保持する特則がある

一定の要件を充たしていれば利用できる

■ 住宅資金貸付債権とは

　住宅ローンを組んだものの、リストラや給料の減給などで、月々のローンの支払いがままならなくなった債務者のために返済条件について変更を認める制度がこの**住宅ローンに関する特則**です。

　住宅ローン（及び他の債務の返済）に苦しんでいる債務者は、個人民事再生の中で、住宅資金貸付債権（住宅ローン）に関する特則を利用することで、その苦しみから逃れられる可能性があります。具体的には、個人民事再生申立書に、「住宅資金貸付債権については、住宅資金特別条項を定める予定である」旨を記載し、その後、再生計画案に住宅資金特別条項を盛り込んで、裁判所に提出します。再生計画案とは、債権者に対してどのように債務を返済していくかを示したものであり、その中の住宅資金特別条項には、そのまま当初の契約どおり住宅ローンを返済していくというもの、返済期間を延長するもの、元本の返済を一部猶予するものなどがあります。

　その再生計画が裁判所によって認可され、確定すれば、住宅ローンの債権者、つまり銀行などの貸主（住宅資金貸付債権者）の意思にかかわりなく期限の利益が回復されたり、返済期間が延長されたりします。

　住宅資金特別条項を定めることができる住宅ローン（住宅資金貸付債権）は、以下の要件をみたすことが必要です。

① 住宅の建設・購入または、住宅の改良に必要な資金の借入れであること

ここでいう「住宅の購入」には、いずれ住宅を取得する予定で土地を購入したり、借地権を取得したりする場合も含みます。
② この資金の返済が、分割払いになっていること
　住宅ローンの支払いを怠ると、期限の利益を喪失（47ページ）し、ローンを一括で支払うことになります。住宅ローンに関する特則は、このような場合に、分割払いを復活させ、競売されないようにすることを目的としています。そのため、分割払いが要件になっています。
③ 住宅ローン債務や、保証会社（39ページ）の求償債務を担保するために、抵当権が設定されていること
　これは、抵当権が実行されて住宅を失うことがないように、という制度の目的から要求されている条件です。なお、求償債務とは、債務者に代わって債権を支払った者に債務者が支払う債務のことです。

対象となる「住宅」の要件とは

　住宅ローンに関する特則が対象としている「住宅」は、個人が所有し、居住する住宅であることが原則です。
① 個人の債務者が所有し、自ら居住するための建物であること
　借入れが宅地を購入するためのものであっても、建物に抵当権が設定されていれば大丈夫です。また、現に居住していなくても、将来居住することを予定して建てた建物であればかまいません。建物が2つ以上ある場合には、債務者がおもに居住するために使用している1つの建物に限られます。また、債務者自身が所有していない建物は、守ることはできません。
② 建物の床面積の2分の1以上に相当する部分を自ら居住するために使用していること
　たとえば、店舗や事務所と併用している建物であっても、その建物全体の床面積の2分の1以上に相当する部分が、もっぱら債務者自身の居住のために使用されていれば大丈夫です。

⑥ 住宅ローンに関する特則の対象になる債権

住宅が他の債権の担保となっているときは対象とならない

■ たいていの住宅ローンはカバーできる

　一般的な住宅ローンであれば、たいていは住宅ローンに関する特則の対象になります。ただ、例外的に一部の住宅ローンには利用できない場合がありますから、注意が必要です。どんな場合に利用できないのか見ていきましょう。

① **住宅上に他の担保権が設定されている場合**

　まず、住宅に、住宅ローンを担保するための抵当権の他に、他の債権を担保するための担保権が存在する場合には、住宅ローンに関する特則は利用できません。

　この場合は、債務者が個人民事再生を申し立てたとしても、その住宅ローン以外の債権のための担保権を、再生計画の中で拘束することはできません。その担保権を有する債権者が、担保権を実行してしまえば、住宅を守ることはできないからです。

　また、住宅以外の不動産に、住宅ローンを担保する抵当権が設定されている場合で、その不動産にこれより優先順位の低い担保権が設定されている場合にも、住宅ローンに関する特則は利用できません。

　住宅を建設する予定で、敷地を先に取得した場合には、土地を購入するための抵当権が土地に設定されているのが普通です。この土地の上にさらに住宅を建設する場合には、新築する住宅にも敷地との共同担保の形で、第１順位の抵当権を設定するように求められることが多いと思います。このような状況で、さらに敷地について後順位抵当権が設定されたような場合が、これにあたります。

この場合は、後順位担保権者が担保権を実行（競売）すると、まず上位の住宅ローン債権者が住宅以外の不動産から弁済を受け、後順位担保権者は、住宅に設定された抵当権について代位できるというような理由で、権利関係が複雑になってしまいますから、住宅ローンに関する特則の適用から除外されます。

② 法定代位による住宅ローン債権の取得の場合

　たとえば、身内や知人が、連帯保証人として債務者に代わって住宅ローンを返済すると、法定代位といって、連帯保証人は金融機関が有していた抵当権その他の権利を行使することができるようになります。連帯保証人が金融機関に代わって、住宅ローン債権や抵当権を取得したときには、住宅ローンに関する特則は適用されません。

　住宅資金特別条項によって返済条件が変更されても、銀行などの金融機関は、債務者から利息を徴収することで収益をあげることができますが、金融機関でない連帯保証人は、利息による収益よりもむしろ早期の回収を望んでいるであろうことを考慮したため住宅ローンに関する特則を適用しないわけです。

■ 他の担保権の設定

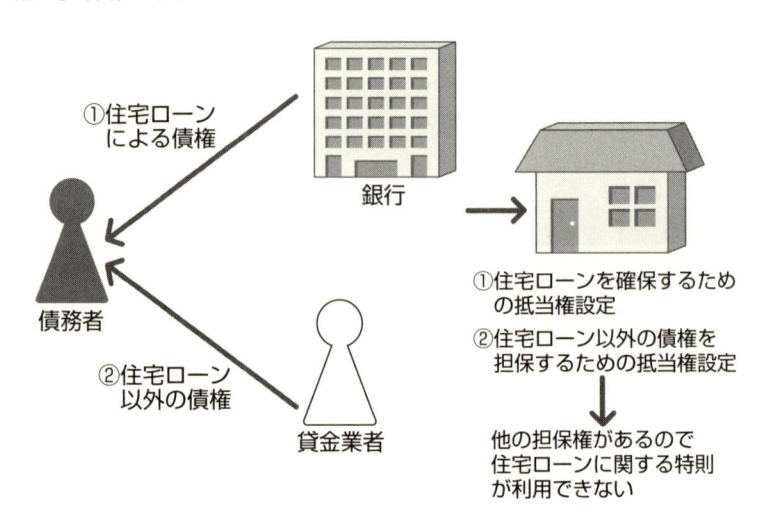

①住宅ローンによる債権
②住宅ローン以外の債権
債務者
銀行
貸金業者
①住宅ローンを確保するための抵当権設定
②住宅ローン以外の債権を担保するための抵当権設定
↓
他の担保権があるので住宅ローンに関する特則が利用できない

■ 保証会社による保証債務履行後6か月を経過した場合

　住宅ローンの延滞が生じて、ある程度の期間が経過すると、保証会社が債務者に代わって、金融機関に返済してしまいます（代位弁済）。このような代位弁済がなされると、債権者は、銀行から保証会社に交替してしまいます。この場合、保証会社と債務者は分割払いの契約を結んでいるわけではないので、従来どおり返済したり、返済期間を延長したりするような住宅資金特別条項を設けることはできないように思われます。しかし、一方で、保証会社が代位弁済した後は、すべて住宅ローンに関する特則を利用できないものにしてしまうと、この制度を利用できる場合は、非常に少なくなってしまいます。個人民事再生が申し立てられるまでには、それなりの時間が経過しているのが普通で、その間に、保証会社による代位弁済が行われていることが多いからです。

　そこで保証債務の履行完了後6か月以内に再生手続の申立てがあった場合に限って、住宅資金特別条項の利用を認めることにしました。ですから、代位弁済まで事態が悪化している債務者は要注意です。保証会社による代位弁済が行われてから、6か月以上が経過するとマイホームを確保することはできなくなってしまいます。

■住宅ローンに関する特則の対象にならないローン

- ●住宅の上に他の担保権が設定されているとき
- ●住宅とあわせて他の不動産に住宅ローンを担保する抵当権が設定されていて、その不動産に優先順位の低い担保権がつけられているとき
- ●法定代位によって住宅ローン債権を取得した場合
- ●保証会社による保証債務履行後6か月を経過した場合

7 保証会社の競売中止命令と再生計画

再生計画が認可される場合には競売手続中止命令が出る

■ 保証会社に対する競売中止命令

　住宅ローンの抵当権が実行され、競売手続によって住宅が他人の手に渡ってしまったのでは、住宅ローンの特則を利用してマイホームを確保することができなくなってしまいます。そのため、裁判所は競売手続中止の命令を出すことができます。

　住宅ローンに関する特則を適用してもらいたいときには、再生計画の中に、「住宅資金特別条項（住宅ローンの返済期間の延長や元本の一部猶予をすることを定めた条項）」を盛り込んでおきます。この再生計画が裁判所に認められる（認可）見込みがあるときには、債務者の申立てによって、裁判所に、競売手続の中止を命令してもらえます。もちろん、保証会社による代位弁済がなされてから、6か月以内であることが必要です。

　ただ、競売手続中止の命令を出す前には、裁判所が競売申立人、つまり保証会社の意見を聞くことになります。意見聴取によって、とても再生の可能性がないと判断されたときには、競売手続の中止命令も取り消される可能性がありますから、絶対に安心とはいえません。

■ 再生計画が認可される見込み

　ところで、どのような場合に再生計画が認可される見込みがあるとされるのでしょうか。裁判所は、次に掲げる不認可事由が1つでもあれば、不認可の決定をしなければなりませんから、このような不認可事由のないことが「認可の見込みがある」場合だと言ってよいでしょ

う。
① 再生手続や再生計画が違法なとき
② 再生計画の決議が債権者の一般の利益に反するとき
③ 再生計画が遂行可能であると認めることができないとき
④ 債務者が守ろうとしている住宅や宅地を使用する権利を失うこととなると見込まれるとき
⑤ 再生計画の決議が不正の方法によって成立したとき

再生計画はどのように行われるのか

　住宅資金特別条項付の再生計画が認可され確定すると、保証会社がした代位弁済はなかったものとみなされます。したがって、住宅ローンの債権者は、保証会社から元の銀行などの金融機関に戻ります。

　また、保証会社は、元の通り住宅ローンを保証する状態に戻ります。ただし、いったん保証会社による代位弁済（39ページ）がなされると、個人信用情報機関には、事故情報として登録されますから、クレジット・カードなどが利用しにくくなります。

　いずれにせよ、再生計画認可確定後は、再生計画にしたがって、保証会社ではなくもとの金融機関に弁済をしていくことになります。

　なお、代位弁済後に、債務者が保証会社に対して、債務の一部を返済していた場合には、保証会社が債権の一部を金融機関に払うことになります。

　また、返済期間の変更に伴って、保証料の見直しがなされることもありますから、そのときには保証料の追加が必要になってきます。

　これらは細かいことのように思えるかもしれませんが、債務者はすでに厳しい収支状況に追い込まれているのですから、あなどれません。

8 同意不要型と同意型がある

「同意不要型」には原則として3パターンある

そのまま型と呼ばれるものもある

　住宅資金特別条項には、住宅ローン債権者の同意を必要としないもの（**同意不要型**）と同意を必要とするもの（**同意型**）があります。同意不要型として法律が定めているのは、次の3つの類型です。
① 　期限の利益回復型
② 　最終弁済期延長型
③ 　元本猶予型
　この他、法律に規定はないものの、実際にしばしば行われており、「同意不要型」に分類できるのが、「そのまま型」と呼ばれるパターンです。これは文字どおり、住宅ローンについては通常どおりの弁済を続けるというものであり、再生計画案にそのまま型の住宅資金特別条項を定める予定がある場合、個人民事再生手続開始の申立ての際に、「弁済許可の申立て」をする必要があります。これは、再生手続が開始すると再生債権への弁済が禁止されるため、住宅ローンについては契約どおり弁済することの許可を求めるというものです。そうでなければ、住宅ローンについて期限の利益を喪失してしまい、「そのまま型」が使えなくなるからです。
　「同意型」は、住宅ローン債権者の同意を得て、同意不要型の3種類（及び「そのまま型」）以外の内容を自由に定めるというものです。

同意不要型の原則は期限の利益回復型

　住宅ローンに限らず、分割払い契約では、その支払いが滞ると、た

だちに全額を一括して返済しなければならないという取り決めがなされています。これを期限の利益の喪失（47ページ）といいます。

　住宅ローンに関する特則を利用して、何とかマイホームを守りたいと考えている人の中には、期限の利益喪失状態に陥っている人が少なくありません。この喪失した期限の利益を元の状態に戻して、返済を続けていけるようにするというのが、期限の利益回復型と呼ばれるしくみです。

　この方法では、住宅ローンのうち、返済が滞ってしまっている元本や利息・遅延損害金を、再生計画で定める返済期間（原則３年、例外５年）内に、分割して返済することになります。そして、まだ弁済期が到来していない分は、当初の住宅ローンの約定通りに支払っていきます。つまり、債務者としては、再生期間中は、①通常の住宅ローンの支払いと、②それまでの不履行部分の支払いを合わせて行なわなければならなくなります。もちろん、再生計画終了後は、通常の住宅ローンだけの支払いになります。

具体的な支払いはどうなっているのか

　たとえば、住宅ローンについての不履行部分（元金、利息、遅延損害金）が、仮に120万円に達していたとしましょう。これを、原則３年で返済していくことになるわけですから、年間にすれば40万円、１月にすると、３万3333円になります。これに、通常の住宅ローン（これを月10万円としましょう）が加わります。そうなると、再生計画中の３年間は、住宅ローン関係の返済だけで、毎月13万3333円です。もちろん、４年目からは、元通り月10万円になります。

　住宅ローン以外の借金は、再生手続の中で最低100万円までに圧縮することも可能ですが、住宅ローンについては、それはできません。住宅ローン以外にも借金がある場合には、かなり厳しい返済計画になっていきます。

❾ 返済の負担を軽減する他の方法にはどんなものがあるのか

最終弁済期延長型と元本猶予型がある

▌期限の利益回復型では苦しい場合には最終弁済期延長型

　期限の利益回復型では、住宅ローンの返済額そのものは変わりません。そもそも借金自体が、身から出た錆（さび）といえる面があるとしても、かなり厳しい再生計画になるということは、想像できるでしょう。

　たとえ、住宅ローン以外の無担保の借金は、最低で100万円までに圧縮できたとしても、多くの人にとっては、この条件で返済を継続するのは難しいと思われます。そんな場合に利用できる方式として最終弁済期延長型があります。

▌最終弁済期延長型のしくみ

　この方法は、住宅ローンの返済期間を、当初の返済期間よりも最長で10年間延長しようというものです。再生計画前に、住宅ローンについて不履行部分があれば、それも同じく延長された返済期間の中で返済していくことになります。これなら期限の利益回復型よりは、返済はかなり楽になりそうですが、返済期間延長後の完済時の債務者の年齢が、70歳以下までという条件がついています。

　ですから、35歳のときに組んだ住宅ローンが、すでに返済期間35年というものであると、この制度はあまり役に立ちません。すでに当初の返済期間でさえ、完済時には債務者は70歳になってしまいます。金融機関が承諾でもしてくれない限り、この最終弁済期延長型は利用できないことになります。

　新築マンションを購入する場合などでは、一般的に住宅ローンの最

長返済期間は35年となっていることが多いようです。比較的若い人の中で、当面の負担を軽減するために、この最長弁済期延長型の利用を考える人がいるかもしれませんが、自分の場合にはこの方法をとることが可能かどうか、契約書など住宅ローン関係の資料をよくチェックして、必ず確認しておきましょう。

最後の手段は元本猶予型

民事再生法が定めている住宅ローンに関する特則で、最も返済の負担を軽減する効果が大きいのが、元本猶予型と呼ばれている方式です。この方法は、再生計画中は元本部分の返済を一部猶予してもらって、さらに最終返済期間を延長してもらいます。

まず、住宅ローンの最終弁済期を最長で10年間延長してもらいます。もちろん、完済時には債務者の年齢は満70歳未満であること、という制限もあります。そして、再生計画中（原則3年、最長5年）は、利息の返済の他に、元本部分の返済を一部猶予してもらいます（元本猶予期間）。さらに、それまでに住宅ローンに不履行部分があれば、その返済も猶予してもらいます。

実際にはどうなるのか

たとえば、年利3％で3000万円の住宅ローンがあるとすると、1か月当たりの利息は7万5000円程度になります。そして、元本部分の返済を1万円にしてもらうと、合計で8万5000円ずつ支払っていくことになります。もともとの元本部分の金額にもよりますが、この方法なら、それまでの返済額に比べても、再生期間中（元本猶予期間中）の月々の返済額は、少なくとも数万円は少なくできるはずです。

再生計画が終了した後は、住宅ローンの返済は通常の形に戻ります。住宅ローンの不履行部分の返済も、このときからはじまります。

元本猶予期間中は、元本の返済を少なくしてもらっていましたが、

再生計画終了後は、元本の返済も元に戻りますから、毎月の住宅ローンの返済額は増えることになります。さらに、住宅ローンの不履行部分の返済も上乗せされてきますから、増加する返済額はけっこうな金額になることも予想されます。

しかし、元本猶予期間中、つまり再生計画中は、住宅ローン以外の無担保の借金の返済に、かなり専念できるでしょうから、その分がなくなった後は、住宅ローンの返済に専念すればよいことになります。

■ 最後の最後は同意型に賭ける

同意不要型では、この元本猶予型が最後の手段ということになりますから、何とかここまでの3つの方式の中で、解決策を見つけ出したいものです。しかし、いずれの方法をとっても、住宅ローン以外に借金がある人にとっては、マイホームを守るのは至難の技かもしれません。収入が安定している会社員でも、不況や業績悪化によって給与が減少したり、転職を余儀なくされたりすることもありますので、再生計画が認可されても履行に不安が残ることも多いでしょう。

ただ、同意不要型はあくまでも法律で定められている類型であって、債務者と住宅ローン債権者がよく話し合って、前述した類型の枠を超えた同意型の住宅資金特別条項を定めることができれば、それに越したことはありません。

現実には債権者の同意を得るのはかなり難しいといえますが、もし同意が得られるのであれば、元本や利息の一部カット、遅延損害金の免除、債務者の年齢が70歳を超える時点までの最終弁済期の延長などを内容とした住宅資金特別条項を定めることもできるかもしれません。債権者としても、一見不利なようですが、債務者の状況を考えればこのような内容のほうが履行の可能性が高まり、最終的には有利であると考え、同意することも考えられるでしょう。

第4章

小規模個人再生の
しくみと手続き

1 個人民事再生申立と書式の書き方

資産について正確に調べて記載する

■ まずは債務の内容を整理する

　個人民事再生を申し立てる裁判所は、債務者が事業者である場合は、主たる営業所の所在地を管轄する地方裁判所、債務者が事業者でない場合には、債務者の住所地を管轄する地方裁判所になります。

　申立ての際には、いくつか必要書類がありますが、裁判所には、申立書類のひな型が置かれているので、それを利用することをお勧めします。

　まずしておくべきことは、自分の借金の実態を正確に把握することです。それには、債権者の一覧表を作っておくことです。最初は自分なりの表を作ってもよいのですが、どうせなら最初から裁判所に提出する方式の債権者一覧表を作っておけば、後々便利といえるでしょう。

　個人民事再生では、債務者が作成した債権者一覧表が債権者に送られた後、債権者が特に債権届をしなければ一覧表に記載した額が債権額となり、債権者一覧表の債権額に異議があれば債権者は債権届をしなければならないという特徴があります。ですから、債権者一覧表を作成することは、借金の把握に大変役立つものとなります。

　債権者一覧表には、債権者の住所、氏名（名称）、電話番号、FAX番号、債務額、当初の契約年月日、契約の種別などを記載しますので、これらの事項を整理しておきましょう。債権者の名称については、「（株）○○」あるいは「○○（株）」などと正確な名称を記載しなければなりません。会社名よりもブランド名のほうが有名な会社の場合には注意が必要です。

債務額については、最新の取引明細書兼領収書やクレジットカードの請求書などを見て把握します。約定利率が利息制限法の制限利率を超える場合は、引直し計算（利息制限法で定められた制限利息で利息の計算をすること）をして債務額を求めます。

　なお、多くの場合、引直し計算をするには債権者に取引履歴の明細を請求するしかありません。債務額がよくわからない場合、債権者に確認するしかないこともあります。

　当初の契約年月日・契約の種別は、お金を借りたのであれば、「平成〇年〇月〇日金銭借入れ」などと記載し、クレジットカードでショッピングをしたのであれば、「平成〇年〇月〇日立替払い」などと記載します。最初の契約年月日は、通常、覚えていないことが多いでしょう。その場合は、契約書などを探すか銀行預金通帳、預金の取引明細書などを参照して確認します。これらの方法でわからない場合には、債権者に聞くという方法をとらざるえないこともあるでしょう。

債権ごとに分けて書く

　ひとつの会社に貸金債務を負っていると同時に、ショッピングの立替金債務を負っていることはよくあります。この場合、債権者一覧表には貸金債務と立替金債務の金額を合計して記載するのではなく、債権ごとに記載する必要があります。つまり貸金債務について現在額と

■ 債権者一覧表の書き方

貸金債務
立替金債務

2つの債務の合計額を記載するのではなく、債務ごとに記載する
・平成17年8月1日金銭消費貸借契約
・平成18年2月16日立替払契約

第4章　小規模個人再生のしくみと手続き

91

発生原因などを書き、立替金債務については別の欄に現在額と発生原因などを書くのです。

　債務者が作成した債権者一覧表に記載の現在額に対して債権者に異議がある場合、債権者は裁判所に債権届をしてきます。このとき多くの場合、利息や遅延損害金（債務の支払いが遅れた場合に、ペナルティとして支払う金銭のこと）についての主張をしてきます。貸金債権と立替金債権では通常、利息や遅延損害金の利率が異なりますので、債権者一覧表に別々に記載しておけば、債権者は「債権番号何番の債権に対してこういう利息や遅延損害金をつける」ということを明確にしやすくなりますし、債務者側も「債権者がどの債務についていくらの利息・遅延損害金を主張しており、それが自分の計算と合っている、あるいは違う」ということをチェックしやすくなります。

　また、貸金債権が複数ある場合、それぞれ別に記載したほうがよいでしょう。通常、発生原因（特に当初の契約日）が異なっていることが多いでしょうし、遅延損害金の発生時期も異なったりするからです。

保証会社がついている場合

　住宅ローンを組む場合には、必ず債務に保証会社（39ページ）がつきます。この場合、保証会社が元の債権者に代位弁済したかどうかによって、債権者一覧表への記載は異なります。

① 代位弁済（39ページ）が終わっているのが明白な場合（保証会社から代位弁済した旨の通知が来ている場合など）は、保証会社のみを債権者として記載します（元の債権者については記載する必要はありません）。

② 代位弁済されていない場合、または代位弁済が終わったかどうかが明白でない場合は、元の債権者と保証会社の両方について記載しておいたほうがよいでしょう。債権額の書き方についてはいろいろな方法が考えられますが、元の債権者については現在の元金額など

を書いておき、保証会社については0円と記載する方法があります。

②の場合に、たとえば債権届前に代位弁済が行われた場合には、元の債権者は債権額を0円として届け出て、保証会社については代位弁済した額を届け出ることが考えられます。

元金だけの額を書くのがおすすめ

債権者一覧表の「現在額」とは文字どおり、現在の債務額です。これは厳密にいえば、元金に申立時までの利息や遅延損害金を含めた額を書くべきといえますが、実際問題としてこれはなかなか難しいことがあります。というのは、どの時点まで通常の利息を付加し、どの時点から遅延損害金を付加するかということや、遅延損害金の利率をどうするか、といったことなどは、債権者からかなり詳しい資料を出してもらったり、債権者に問い合わせたりしなければわからないことが多いからです。もちろん、こうした作業を行って、申立時点までの利息や遅延損害金を加えた額を現在額として記載する方法もありますが、それよりも現在額に元金の額を記載するという方法をとったほうが、申立時の労力を省くことができます。

現在額に元金のみを記載した場合、債権者が債権届をしなければ、その額を債権として届け出たことになります。債権者が債権者一覧表に記載された現在額に異議がある場合、債権者は利息・遅延損害金を加えた額を届出、その際、通常その根拠となる計算書や資料を添付します。債務者としては、それらの計算書や資料などを検討して、利息や遅延損害金が納得できるものであれば、それを認め、納得できない場合には異議申述すればよいということになります。

異議の留保をしておく

債権者一覧表には、「異議の留保欄」というものがあります。この欄の「あり」にチェックを入れたり、◯印をつけておくことで、自分で

債権者一覧表に記載した現在額に後で異議を申し立てることができます。債権者がわざわざ債権届をしたり、債権がない旨の申し出をしなければ、債権者一覧表に記載された現在額が債権額となります。しかし、よく調べて書いたとしても現在額が間違っていることがあります。誤記もあるでしょうし、引直し計算が間違っていることもあります。

また、債権者の協力を得られないために推定で現在額を書くこともあります。現在額が実際の債務額よりも少なければよいのですが、実際の債務額より多かった場合、異議の留保をしておかなければその額を債権額として認めざるをえなくなります。

このような場合、債権者一覧表に異議の留保をしておくことによって、後で債権額について異議の申述をすることができるのです。

今どれだけの財産があるのか

次に、自分の資産を把握しましょう。申立ての際には、陳述書に財産の状況を書いたり、財産目録を提出する必要があります。

財産となるのは、たとえば、現金、預金、不動産、自動車・バイク、賃貸マンションなどの敷金、保険の解約返戻金、会社などに勤めている場合は退職金見込額です。動産も財産となりますが、通常、動産で財産として計上しなければならないのは、宝石や貴金属類、価値のある絵画などの芸術作品や骨董品、中古品として売却してそれなりの価格で売れる機械類などです。

このうち、退職金見込額は、現在、自分の勤め先を辞めたと仮定した場合に支給される退職金の額であり、その額の8分の1（裁判所によっては8分の1ではない場合もあります）が財産となります。退職金見込額を調べるには、退職金規程がある場合にはそれをもとに計算すればよいのですが、こうした規定がない場合、勤務先に聞くしかありません。

不動産については、時価が財産の額となります。裁判所によって、

複数の不動産業者などの査定書を提出させる場合と、固定資産税評価額に一定の倍率をかけて時価とする場合などがありますので、管轄裁判所に問い合わせて、その方式にしたがって査定してもらったり、固定資産税評価証明書を取得しておいたりする必要があります。

支払いをストップする

　個人民事再生手続を弁護士に委任した場合や司法書士（認定司法書士）に個人民事再生の書類作成を依頼した場合には、通常、弁護士や司法書士が受任（受託）した段階で債権者への支払いをストップしています。自分自身で申し立てる場合、再生手続開始決定後に債権者に弁済することは禁止されますので、遅くとも開始決定前に支払いをストップしなければなりません。

　銀行振込やATMを利用して支払っている場合には、それをやめればよいのですが、銀行などの自動引落を利用している場合には、残高不足にしておくなどして引き落とされないようにしておかなければなりません。また、勤め先などからの借入れがあって、給与天引きで支払っている場合、それを中止するよう依頼しなければなりません。

具体的な申立関係書類について

　申立てにあたり必要な書類には以下のものがあります。特に、債権者一覧表は、債権者が債権届をしなければ一覧表に記載した額が債権額となるので提出する際には確認しましょう。

① 　再生手続開始申立書（98ページ）

　申立書の申立人欄には、氏名、生年月日、年齢、住所を記載します。氏名は戸籍どおり、住所は住民票どおりに記載してください。申立人が事業主の場合には、営業所も併記することになります。また、連絡先の電話番号・FAX番号も記載します。

② 　陳述書（101ページ）

債務者の職業や収入、生活の状況、財産の状況、負債の状況などについて記載します。職業や収入については、現在の職業についた時期や月収、ボーナスの有無・金額支給時期などを、生活の状況については、家族構成や現在の住居が持ち家か賃貸マンション・アパートなどなのかを記載します。

また、負債の状況について、債権者一覧表（117ページ）を添付し、所有する財産については財産目録（108ページ）を添付します。

③　家計全体の状況（106ページ）

申立前2〜3か月間の家計の収支を記載します。何か月分必要かは管轄裁判所によって異なることもありますので、事前に問い合わせておいたほうがよいでしょう。なお、この書類に他の書類と矛盾する記載がある場合（たとえば自動車やバイクを持っていないのに申立人本人のガソリン代の支出がある場合）は、表の中に注記したり、または上申書にその理由を書いたりする必要があります。

④　添付書類一覧表（113ページ）

戸籍謄本や住民票、源泉徴収票、給与明細書といった添付書類の一覧表です。添付書類一覧表は、単に提出のために作るというだけでなく、必要な書類がそろっているかどうかを自分でチェックするためにも役立つといえます。

必要な書類の部数や費用について

申立書や陳述書、家計全体の状況、添付書類一覧表、そして添付書類は、通常2通ずつを裁判所に提出します。これは、再生委員が選任される可能性があるからです。明らかに再生委員（124ページ）が選任されないという場合には、1通ずつでもよいかもしれませんが、これについては事前に管轄裁判所に確認したほうがよいでしょう。債権者一覧表は、裁判所用・再生委員用の他、債権者用として債権者の数だけ必要です。

添付書類を2通ずつ提出する場合、通常、1通は原本、1通はコピーで大丈夫ですが、裁判所によっては特定の書類について2通とも原本を要求する場合もありますので、これも事前に確認しておきましょう。添付書類の中には2通ともコピーを提出すればよいものもあります。その他、裁判所から債権者に書類を送る際の封筒に貼る、債権者の住所を記載したタックシールを提出するように求められることもあります。

　申立時には、申立印紙代1万円が必要です（申立書に印紙を貼って納めます）。通常、申立時に裁判所から債権者に書類を送るための切手を納めます。切手は何円切手を何枚納めるかは裁判所によって異なりますので、問い合わせてください。

　また、申立て後ほどなく官報公告（債権者などに再生計画の決定があったことを知らせるための公告）のための予納金を納めなければなりません。これは通常、1万2000円程度であり、現金で納入します。その後、再生委員が選任された場合には、再生委員の報酬を予納します。その金額や支払方法（分割払いか一括払いか）は裁判所によって異なります。

■ 民事再生の費用

申立時に必要な費用	申立手数料	10,000円
	予納金（官報の公告費）	11,928円
	予納郵券（切手）	債権者数や裁判所によって異なる

再生手続開始申立書（小規模個人再生）

再生手続開始申立書（小規模個人再生）

○○地方裁判所　御中

平成　年　月　日

============　申　　立　　人　============

ふりがな　ひろ かわ あき お
氏　　名：　広　川　昭　男　　印

生年月日：昭和 40 年 7 月 10 日　年齢：44 歳

住民票上の住所：○○市○○町○丁目○番○号

現　住　所：〒○○○-○○○○　○○市○○町○丁目○番○号

連絡先電話番号：○○○-○○○-○○○○　☑自宅　□勤務先　□その他

ＦＡＸ番号：＿＿＿＿＿＿＿＿＿　□電話共用

送達場所の届出（※現住所と異なる場所で裁判所からの書類を受け取ることを希望する場合にのみ、その住所を記入してください。）

============　書　類　作　成　者　============

司法書士：＿＿＿＿＿川　田　三　郎＿＿＿＿＿印

事務所住所：〒 164-0034　東京都新宿区上落合四丁目○番○号

電話番号：03-1876-0000　FAX 番号：03-1876-0000

申　立　て　の　趣　旨　等

1　申立人について，小規模個人再生による再生手続を開始する。
　との決定を求める。

※　あなたについて小規模個人再生による再生手続を行うことが相当でないと裁判所が判断することになった場合に備えて，あらかじめ，通常の再生手続により手続開始決定をすることを求めておくことができます。その場合2の□に✓印を付けてください。
　　印がない場合には，小規模個人再生以外では，再生手続の開始を求めていないものとして取り扱われることになります。

2　小規模個人再生を行うことが相当と認められない場合には，
　□　通常の再生手続の開始を求める。

申　立　て　の　理　由　等

1　申立人の負担する債務は，添付の**債権者一覧表**に記載したとおりであり，総額5000万円（※1）を超えていないが，申立人の財産の状況及び収入の額等は，この申立書に添付した**陳述書**に記載したとおりであり，申立人には，破産の原因となる事実の生ずるおそれがある。

　　申立人は，陳述書の「**第1　職業，収入の額及び内容等**」　　　　　に記載したとおり，将来において継続的にまたは反復して収入を得る見込みがあり，下記2の方針により再生計画案を作成し，再生債権者の一般の利益に反しない弁済を行うことができる。

2　再生計画案の作成の方針についての意見
　　各再生債権者に対する債務について，相当部分の免除を受けた上，法律の要件を充たす額の金銭を分割して支払う方針である。
　☑　住宅資金特別条項（※2）
　　なお，申立人所有の住宅（財産目録「11不動産」記載の土地，建物等）に関する住宅資金貸付債権については，債権者と協議の上，住宅資金特別条項を定める予定である。
（※1　総額には，住宅資金貸付債権の額及び担保権による回収見込額は除かれます。）
（※2　住宅ローン債務について再生計画で特別な条項を定める予定がある場合には，□に✓印をつけてください。）

添　付　書　類

別添の「再生手続開始申立書（小規模個人再生）の添付書類一覧表」のとおり

📝 **陳述書（職業、収入の額及び内容等）** ……………………………

陳　述　書

　　　　平成　年　月　日

　　　　　　　　　　　　　　　　ひろ　かわ　あき　お
　　　　申　立　人　氏　名　　広　川　昭　男　　　印

================= この陳述書の書き方 =================

　この陳述書は，該当する事項を○で囲んだり，□に✓（チェック）印を付けたり，空白のところに必要事項を記入することによって作成することができるようになっています。必要事項を記入するようになっている欄が不足する場合には，この陳述書の用紙と同じ規格（A4判）の紙に記入し，そのことがわかるようにして，陳述書の末尾に付け足してください。

第1　職業、収入の額及び内容等

1　職　業

現在の職業　☐ 会社員　　☐ 公務員　　☐ 団体職員　　（※1を記入）

☑ 自営業　　　　　　　　　　　　　　（※2を記入）

☐ その他（具体的に：　　　　　　　　　　　　　　　　）

※1勤務している場合

現在の職業についた時期：

地位（役職名）：

仕事の具体的な内容：

勤務先名：

勤務先の住所：

※2自営業の場合

事業開始時期：平成5年7月

営業所または事業の名称（屋号）：赤ちょうちん広川

営業所の住所：〇〇県〇〇市〇〇町〇丁目〇番〇号

事業の内容（実際の営業の具体的内容を記載してください。）

居酒屋の経営

事業の状況（現在の事業の状況を記載してください。）

不景気のあおりを受けて客足が遠き売上が激減した。

現在は、客足もいくらかは戻っている。

従業員

総　　数：　　　0名

労働組合

☑なし

☐あり

名　　称：

組合員の数：　　　　　　0名

代表者の氏名：

2　収　入

あなたの得ている収入について、以下に当てはまるものがあれば、その全部について記入をしてください。

☐給与所得

※各欄の金額は、税金や社会保険料を控除した後の「手取額」を記入してください。

(1)　月　収：　　　　　　　　　　円
(2)　賞与（ボーナス）　☐なし

☐あり（最近1年間に受け取った額及びその時期）

＊　最近3か月の給与明細書及び過去2年間の源泉徴収票又は課税証明書（所得税や市町村・県民税の額や社会保険料の額が分かるもの）をそれぞれコピーして添付してください。

☐ 年金、各種扶助等の受給（下表に必要事項を記入してください。）

種　類	金額（月額）	受給開始の時期
	円	
	円	
	円	

　＊　年金や各種扶助の受給証明書のコピーを添付してください。

☑ 事業所得

(1) 1か月当たりの収入の額：　４２万００００円（実質収入）

　＊　過去3年分の確定申告書、貸借対照表、損益計算書のコピーを添付してください。

　　また過去1年間の資金繰り実績表と今後6ヶ月間の資金繰り表を作成してください。

☐ その他（具体的に：　　　　　　　　　　　　　　　）

(1) 1か月当たりの収入の額：　　　　　　円（手取額）

(2) 収入を得る時期や額についての説明

　＊　上記の収入について、支払を受ける時期や額が明らかになる書類のコピーを添付してください。

陳述書（生活の状況）

第2　生活の状況

1　家族関係

氏　名	申立人との関係	生年月日	職　業	月　収	同居の有無
広川峰子	妻	昭和45年12月04日	無職	0円	☑同居 □別居
広川　昭	子	平成4年6月02日	高校生	0円	☑同居 □別居
				円	□同居 □別居
				円	□同居 □別居
				円	□同居 □別居

＊　同居者に収入がある場合は、それがわかる資料を添付してください。

＊　別居家族（　　　）の住所 ＿＿＿＿＿＿＿＿＿＿＿＿＿＿＿＿
　　別居家族（　　　）の住所 ＿＿＿＿＿＿＿＿＿＿＿＿＿＿＿＿

※　家族（配偶者や子どもなど）の収入に関する記載は、あなたが扶養すべき家族の範囲を確定するとともに、あなたがこの手続の中で作成する再生計画のとおり返済を続けて行くことに無理がないかを判断するために必要ですので必ず記入してください。

2　現在の住居の状況

☑　自己所有の家屋　　□　親族所有の家屋（無償）

□　借家・賃貸マンション・アパート　　□　社宅・寮　　□　公営、公団の賃貸住宅

□　その他：＿＿＿＿＿＿＿＿＿＿＿＿＿＿＿＿＿＿＿＿＿＿＿＿＿

　　現在の住居について、申立人が家賃又は住宅ローンを支払っている場合には、次に記入してください。
　　1年間に支払う家賃（管理費込み）又は住宅ローンの額

　　　　　　__216__万_____円

＊　家賃を支払っている場合には、賃貸借契約書や住宅使用許可書のコピーを、住宅ローンを支払っている場合には、住宅ローンの契約書や返済予定表などを添付してください。

3　家計の状況

別紙「家計全体の状況」記載のとおり

家計全体の状況

家 計 全 体 の 状 況 （平成　年月）

* この表は、申立前2か月分の状況について、1か月ごとに作成して、添付してください。

収　　入		支　　出	
費　　目	金　額	費　　目	金　額
給与（申立人）	0	家賃（管理費を含む）	60,000
給与（配偶者）	0	地代	0
給与（　　）	0	駐車場料金	15,000
自営収入（配偶者）	0	食費	50,000
自営収入（　　）	420,000	電気料金	10,000
年金（申立人）	0	ガス料金	7,000
年金（配偶者）	0	水道料金	5,000
年金（　　）	0	新聞料金	4,000
児童手当	0	電話料金	8,000
その他の扶助	0	ガソリン代	6,000
他からの援助	0	医療費	0
（援助者の名前　　）	0	教育費	10,000
借入	0	交通費	5,000
その他（具体的に）	0	被服費	0
	0	冷暖房燃料費	0
	0	交際費	0
	0	娯楽費	0
	0	各種保険料・掛金	15,000
	0	返済（住宅ローン分）	180,000
	0	返済（その他）	0
	0	その他（具体的に）	0
	0		0
	0		0
	0		0
	0		0
	0		0
	0		0
	0		0
前月からの繰り越し	0	翌月への繰り越し	50,000
収入合計	420,000	支出合計	420,000

※注意　支出に関する記載について、陳述書や財産目録等との矛盾が指摘されるおそれがある場合には、説明事項を表の中に適宜記入してください。

家 計 全 体 の 状 況　（平成　年　月）

* この表は、申立前2か月分の状況について、1か月ごとに作成して、添付してください。

収　入		支　出	
費　目	金　額	費　目	金　額
給与（申立人）	0	家賃（管理費を含む）	60,000
給与（配偶者）	0	地代	0
給与（　）	0	駐車場料金	15,000
自営収入（配偶者）	0	食費	45,000
自営収入（申立人）	410,000	電気料金	9,000
年金（申立人）	0	ガス料金	8,000
年金（配偶者）	0	水道料金	6,000
年金（　）	0	新聞料金	4,000
児童手当	0	電話料金	7,500
その他の扶助	0	ガソリン代	7,000
他からの援助	0	医療費	0
（援助者の名前　）		教育費	10,000
借入	0	交通費	5,000
その他（具体的に）	0	被服費	0
	0	冷暖房燃料費	0
	0	交際費	0
	0	娯楽費	0
	0	各種保険料・掛金	15,000
	0	返済（住宅ローン分）	180,000
	0	返済（その他）	0
	0	その他（具体的に）	0
	0		0
	0		0
	0		0
	0		0
	0		0
	0		0
前月からの繰り越し	50,000	翌月への繰り越し	88,500
収入合計	460,000	支出合計	460,000

※注意　支出に関する記載について、陳述書や財産目録等との矛盾が指摘されるおそれがある場合には、説明事項を表の中に適宜記入してください。

第4章　小規模個人再生のしくみと手続き

📝 **財産目録** ....

財　産　目　録

1　現　金　　　　　　　　　300,000 円（申立日現在の額）

2　預金・貯金　☐なし　☑あり

金融機関(支店名)・郵便局の名称	口座種別	口座番号	預貯金残高(現在額)
○○銀行　○○支店	普通預金	0000000	200,000

＊　上記預貯金の通帳について、表紙及び申立日時点での預貯金残高が分かる部分をコピーして添付してください。通帳を紛失している場合は、金融機関等から残高証明書を取得して添付してください。

3　貸付金　☑なし　☐あり

相手の名前	金　額	貸付の時期	回収の見込み
	円		☐あり　☐なし　☐不明
	円		☐あり　☐なし　☐不明
	円		☐あり　☐なし　☐不明

＊　貸付についての契約書などがあれば、そのコピーを添付してください。

4　積立金（社内積立、財形貯蓄等）　☑なし　□あり

種　類	金　　額	積立開始時期
	円	
	円	
	円	

＊　金額は、申立時点での積立総額を記入してください。

5　退職金制度　　☑なし　□あり

　　仮に、今、退職したとしたら支払われるであろう退職金の見込額

　　　　　　　　　　　　　　　　　　　　円

　　＊　退職金の見込額を証明する書類を添付してください。

6　保険（生命保険、損害保険、火災保険等）　□なし　☑あり

保険会社名	保険の種類	証券番号	解約返戻金の額
○○生命保険会社	生命保険	○○○○○○○	100,000 円
○○損害保険会社	損害保険	○○○○○○○	150,000 円
			円
			円

＊　保険証券のコピー及びこの申立てをする時点での解約返戻金に関する証明書を添付してください。

7　有価証券等（株券、転換社債、ゴルフ会員権等）　☑なし　□あり

種　類	取　得　時　期	時　　価
		円
		円
		円

第4章　小規模個人再生のしくみと手続き

＊ 証券のコピー（表裏とも）とその証券の申立時の時価が分かる資料を添付してください。

8　電話加入権　　□なし　✓あり　　合計　　2本

9　自動車、二輪車等　　□なし　✓あり

車　名	年　式	時　価	所有権留保
ニッサン	平成○○年	200,000 円	□あり ✓なし
		円	□あり □なし
		円	□あり □なし

＊ 車検証または登録事項説明書のコピーとその車両の申立時の時価が分かる資料を添付してください。

10　高価な品物（時価　　万円以下の品物を除く。）　✓なし　□あり

品　物	現在の価値	購入の時期
	円	
	円	
	円	

＊ 高価な品物について、その現在の価値が分かるような資料があれば添付してください（生活必需品については記載する必要はありません。）。

11　不動産（土地、建物、マンション）　□なし　✓あり

所　在	地番/家屋番号	地目/種類	地積/床面積	時　価
○○県○○市○○町○丁目	○番○	宅地	○○○.○○ ㎡	10,000,000 円
○○県○○市○○町○丁目○番地	○番○	居宅	○○○.○○ ㎡	30,000,000 円
				円

＊ 上記の不動産について、登記事項証明書、時価及び課税額が分かる資料
（例：固定資産税評価額証明書など）添付してください。

１２　敷　金　☑なし　□あり

　　　　現在預けている敷金の額：　　　　　　　　　　円

　　　＊ 陳述書の「**現在の住居の状況**」（第２の２　ページ）でコピーを添付
　　　　する賃貸借契約書や住宅使用許可書に敷金に関する記載がある場合には、
　　　　必ず記入してください。

１３　相　続（遺産分割未了の財産も含む。）　☑なし　□あり

被相続人の名前	関　係	相続の時期	相続したもの

１４　その他　☑なし　□あり

品　　物	現在の価値	購入の時期
	円	
	円	
	円	

１５　動　産　☑なし　□あり

種　　類	帳簿価格合計	実有価格合計	備　　考
	円	円	
	円	円	
	円	円	
	円	円	
	円	円	

第４章　小規模個人再生のしくみと手続き

16 売掛金　☑なし　☐あり

相手の名前	金　額	支払の時期	回収の見込み
	円		☐あり　☐なし　☐不明
	円		☐あり　☐なし　☐不明
	円		☐あり　☐なし　☐不明
	円		☐あり　☐なし　☐不明
	円		☐あり　☐なし　☐不明
	円		☐あり　☐なし　☐不明
	円		☐あり　☐なし　☐不明
	円		☐あり　☐なし　☐不明
	円		☐あり　☐なし　☐不明
	円		☐あり　☐なし　☐不明

＊　売掛金の台帳や請求書などがあれば、そのコピーを添付してください。

17 受取手形　☑なし　☐あり

振出人の名前	金　額	期　日	決済の見込み
	円		☐あり　☐なし　☐不明
	円		☐あり　☐なし　☐不明
	円		☐あり　☐なし　☐不明
	円		☐あり　☐なし　☐不明
	円		☐あり　☐なし　☐不明
	円		☐あり　☐なし　☐不明
	円		☐あり　☐なし　☐不明
	円		☐あり　☐なし　☐不明
	円		☐あり　☐なし　☐不明
	円		☐あり　☐なし　☐不明

＊　手形のコピーを添付してください。

再生手続開始申立書（小規模個人再生）の添付書類一覧表

再生手続開始申立書（小規模個人再生）の添付書類一覧表

※ 申立書に添付して裁判所に提出する書類は、原本をコピーしたものでも結構です。
※ ○…給与所得者の人　◇…自営業の人　□…共通事項
　なお、裁判所でコピーと原本を照合することがありますので、裁判所に出頭する際には、必ず添付書類の原本を持参してください。

申立書に当たって添付すべき書類 ※提出するものは□にレ印を付けてください。	裁判所記入欄 ※この欄は裁判所で記入します。	
「申立書」の添付書類	添付書類の確認等	結　果
☑ 戸籍謄本 ☑ 住民票の写し ☑ 債権者一覧表	□確認 □補充	□補充済
「陳述書」の添付書類		
収　入　　　　　　　　☑添付書類なし ○申立人の給与明細書（3か月分） ○申立人の源泉徴収票（2年分） ○申立人の課税証明書（2年分） □受給証明書（　　　年金分） □受給証明書（　　　　分） □受給証明書（　　　　分） ☑申立人の確定申告書（3年分） ☑貸借対照表（3年分） ☑損益計算書（3年分） □その他（　　　　　　） □ □後から提出 後から提出する書類（　　　　　　　　） 　　　　　　　　　（　　　　　　　　）	□確認 □補充 （内容）	□補充済 □提出済
労働協約・就業規則　　　☑添付書類なし ◇労働協約 ◇就業規則 ◇その他（　　　　　　） ◇ □後から提出 後から提出する書類（　　　　　　　　） 　　　　　　　　　（　　　　　　　　）	□確認 □補充 （内容）	□補充済 □提出済
過去の職業・収入等　　　☑添付書類なし □以前の就業先での給与証明書 □その他（　　　　　　） □ □後から提出 後から提出する書類（　　　　　　　　） 　　　　　　　　　（　　　　　　　　）	□確認 □補充 （内容）	□補充済 □提出済

第4章　小規模個人再生のしくみと手続き

現在の住居の状況　　□添付書類なし	□確認	
□賃貸借契約書、住宅使用許可書 □その他（　　　　　　　） ☑住宅ローン契約書　返済予定表 □後から提出 後から提出する書類（　　　　　　　） 　　　　　　　　　　（　　　　　　　）	□補充 （内容）	□補充済 □提出済
生活の状況　　☑添付書類なし	□確認	
□同居人（　　　　）の給与明細書 □同居人（　　　　）の源泉徴収票 □ □ □ □後から提出 後から提出する書類（　　　　　　　） 　　　　　　　　　　（　　　　　　　）	□補充 （内容）	□補充済 □提出済
債権者との訴訟等の状況　　☑添付書類なし	□確認	
□支払督促（支払命令）正本 □調停（和解）調書正本 □判決正本 □差押命令正本 □仮差押命令正本 □仮処分命令正本 □ □後から提出 後から提出する書類（　　　　　　　） 　　　　　　　　　　（　　　　　　　）	□補充 （内容）	□補充済 □提出済
「財産目録」の添付書類		
預金・貯金　　□添付書類なし	□確認	
☑通帳（1冊） □残高証明書（　　通） □その他（　　　　　　　） □ □後から提出 後から提出する書類（　　　　　　　） 　　　　　　　　　　（　　　　　　　）	□補充 （内容）	□補充済 □提出済
貸付金　　☑添付書類なし	□確認	
□契約書（　　通） □その他（　　　　　　　） □ □後から提出 後から提出する書類（　　　　　　　） 　　　　　　　　　　（　　　　　　　）	□補充 （内容）	□補充済 □提出済

退職金制度	☑添付書類なし	☐確認	
○ 退職金見込額証明書		☐補充	☐補充済
○ その他（　　　　　　　　）		（内容）	
○			
○ 後から提出			
後から提出する書類（　　　　　　　　）			☐提出済
（　　　　　　　　）			

保　険	☐添付書類なし	☐確認	
☑保険証券		☐補充	☐補充済
内訳　生命保険（1通）		（内容）	
損害保険（1通）			
その他（　　通）			
☑解約返戻金に関する証明書（2通）			
☐その他（　　　　　　　）			
☐			
☐後から提出			
後から提出する書類（　　　　　　　　）			☐提出済
（　　　　　　　　）			

有価証券等	☑添付書類なし	☐確認	
☐証券のコピー（　　　通）		☐補充	☐補充済
☐証券の時価が分かる資料		（内容）	
（　　　　　　　）			
☐その他（　　　　）			
☐			
☐後から提出			
後から提出する書類（　　　　　　　　）			☐提出済
（　　　　　　　　）			

自動車、二輪車等	☐添付書類なし	☐確認	
☑車検証（1通）		☐補充	☐補充済
☐登録事項証明書（　　　通）		（内容）	
☑車両の時価が分かる資料			
（査定書1通）			
☐その他（　　　　　　　　）			
☐			
☐後から提出			
後から提出する書類（　　　　　　　　）			☐提出済
（　　　　　　　　）			

高価な品物	☑添付書類なし	☐確認	
☐		☐補充	☐補充済
☐		（内容）	
☐			
☐後から提出			
後から提出する書類（　　　　　　　　）			☐提出済
（　　　　　　　　）			

第4章　小規模個人再生のしくみと手続き

不動産	☐ 添付書類なし	☐ 確認	
☑ 土地登記事項証明書（　1　物件分）		☐ 補充	☐ 補充済
☑ 建物登記事項証明書（　1　物件分）		（内容）	
☑ 固定資産額評価額証明書（　1　物件分）			
☑ 評価書（　1　物件分）			
☑ 見積書（　2社分　）（　2物件分　）			
☐ その他			
☐ 後から提出			
後から提出する書類（　　　　　　　　　　）			☐ 提出済
（　　　　　　　　　　）			
売掛金	☑ 添付書類なし	☐ 確認	
◇ 売掛台帳		☐ 補充	☐ 補充済
◇ 請求書		（内容）	
◇ 納品書			
◇			
◇ 後から提出			
後から提出する書類（　　　　　　　　　　）			☐ 提出済
（　　　　　　　　　　）			
受取手形	☑ 添付書類なし	☐ 確認	
◇ 手形		☐ 補充	☐ 補充済
◇		（内容）	
◇ 後から提出			
後から提出する書類（　　　　　　　　　　）			☐ 提出済
（　　　　　　　　　　）			
その他	☐ 添付書類なし	☐ 確認	
☑ 郵便切手		☐ 補充	☐ 補充済
☑ 債権者住所あてラベル（2組）		（内容）	
☐			
☐ 後から提出			
後から提出する書類（　　　　　　　　　　）			☐ 提出済
（　　　　　　　　　　）			
住宅資金特別条項の定めをする場合			
住宅資金特別条項	☐ 添付書類なし	☐ 確認	
☑ 金銭消費貸借契約書		☐ 補充	☐ 補充済
☑ 償還表		（内容）	
☑ 建物の登記事項証明書			
☐ 敷地の登記事項証明書			
☐ 建物・敷地以外にも抵当権が設定されている場合			
その不動産の登記事項証明書			
☑ 居住部分の床面積がわかる資料			
☐ 代位弁済日がわかる資料			
☐			
☐ 後から提出			
後から提出する書類（　　　　　　　　　　）			☐ 提出済
（　　　　　　　　　　）			

債権者一覧表

第4章 小規模個人再生のしくみと手続き

債 権 者 一 覧 表

（再生債務者の氏名：広川 昭男）　　事件番号 ○○地方裁判所 ○○支部 平成 年(再)第 号

債権者番号	債権者の氏名又は名称、住所、電話番号、ファクシミリ番号	債権現在額 (円)	発 生 原 因 (当初の契約年月日、契約の種別、元金額を記入)	異議の留保	その他の記載
1	（〒）○○県○○市○○町○-○-○ （氏名）○○金融 ○○支店 TEL:○○○-○○○○-○○○○ FAX:○○○-○○○○-○○○○	3,250,000	平成12年9月1日 金銭消費貸借契約	□あり ☑なし	
2	（〒）○○県○○市○○町○-○-○ （氏名）○○銀行 ○○支店 TEL:○○○-○○○○-○○○○ FAX:○○○-○○○○-○○○○	35,000,000	平成16年3月26日 金銭消費貸借契約	☑あり □なし	住宅資金貸付債権。住宅資金特別条項を再生計画案に定める予定
3	（〒）○○県○○市○○町○-○-○ （氏名）○○金融 ○○支店 TEL:○○○-○○○○-○○○○ FAX:○○○-○○○○-○○○○	805,000	平成18年4月2日 金銭消費貸借契約	□あり ☑なし	
4	（〒）○○県○○市○○町○-○-○ （氏名）○○ファイナンス ○○支店 TEL:○○○-○○○○-○○○○ FAX:○○○-○○○○-○○○○	2,500,000	平成20年6月3日 金銭消費貸借契約	□あり ☑なし	
	（〒） （氏名） TEL: FAX:			□あり □なし	
	（〒） （氏名） TEL: FAX:			□あり □なし	
	（〒） （氏名） TEL: FAX:			□あり □なし	
債権者一覧表記載の再生債権の合計額		(A) 41,555,000円			

117

表−1

住宅資金特別条項を定めた再生計画案提出のとき記入する

住　宅　資　金　貸　付　債　権	債　権　額　(円)
1 債権者番号　　　　　1 　　の債権者の有する 　　債権番号　　　　　2 　　の債権	35,000,000
2 債権者番号 　　の債権者の有する 　　債権番号 　　の債権	
3 債権者番号 　　の債権者の有する 　　債権番号 　　の債権	
住宅資金貸付債権の額の合計　　　　(B)	35,000,000 円

＊ 注　意 ＊
住宅資金特別条項を定めた再生計画案提出の予定がある場合における住宅資金貸付債権については、表−2(別除権付債権)に記載する必要はありません。

表−2

別　除　権　付　債　権	別除権の行使により弁済が見込まれる額(円)	担保不足見込額(円)	別除権の目的
1 債権者番号 　　の債権者の有する 　　債権番号 　　の債権			
2 債権者番号 　　の債権者の有する 　　債権番号 　　の債権			
3 債権者番号 　　の債権者の有する 　　債権番号 　　の債権			
合　　計　　額　　　　(C)		円	

再　生　債　権　の　総　額　　　　41,555,000 円

計算方法：再生債権の総額＝債権者一覧表記載の再生債権の合計額(A) − 住宅資金貸付債権の額の合計(B) − 別除権の行使により弁済が見込まれる額(C)

② 再生手続開始後に報告書を提出する

申請時の陳述書などの内容を援用すればよい

■ 詳細な報告書を求められる場合もある

　個人民事再生手続開始の申立をし、開始決定が出ると、債務者は「再生債務者」となります。再生債務者は、再生手続開始後、遅滞なく次の事項を記載した報告書を、裁判所に提出しなければなりません。
① 　再生手続開始に至った事情
② 　再生債務者の業務及び財産に関する経過及び現状
③ 　その他再生手続に関し必要な事項
　個人民事再生手続開始の申立時に陳述書を提出した場合には、①についてはすでに陳述書に記載しているでしょう。また、再生債務者の仕事や財産の状況なども、再生手続開始後すぐに大きな変動があるというのは比較的稀なケースでしょう。前述した点に加えて個人民事再生手続では、種々の手続きが簡略化されているということもあって、通常は次ページのような申立時の陳述書などの内容を援用する旨を記載した報告書（次ページ）を提出すればよいと考えられます。
　ただし、裁判所によっては、より詳細な報告書の提出を求める場合があります。たとえば裁判所の中には、個人民事再生手続開始の申立時には、申立書と財産目録、戸籍謄本や住民票など最低限の書類を提出すれば足りるとしているところもあります。こうした場合には、職業や収入、家族関係、再生手続開始の申立てをするに至った事情などを報告するために、より詳細な報告書を提出する必要があるでしょう。
　なお、再生手続開始決定後、裁判所から報告書の提出期限を知らされますので、それを守ることも重要です。

財産状況報告書

平成　年（再イ）第　　号　小規模個人再生事件

財 産 状 況 等 報 告 書

（民事再生法124条，125条）

平成　年　月　日

○○地方裁判所　御中

再生債務者　　広川昭男　印

　再生債務者は，平成○○年○○月○○日に小規模個人再生による再生手続の開始決定を受けたので，民事再生法125条1項に定める事項を別紙「報告事項」のとおり報告します。
　また，再生手続開始時の再生債務者の財産の状況及び価額については，
☑　再生手続開始申立書に添付した「財産目録」に記載したとおりですから，
　民事再生規則128条により，その記載を引用します。
☐　別紙財産目録に記載したとおりです。

以上

報　告　事　項

1　再生手続開始に至った事情
　　再生手続開始申立書に添付した「陳述書」に記載したとおりであり，
　☑　補足する点はない。
　□　下記のとおり事情を補足します。
　　補足説明（簡潔かつ具体的に記載してください。）
　　――――――――――――――――――――――――――――
　　――――――――――――――――――――――――――――
　　――――――――――――――――――――――――――――
　　――――――――――――――――――――――――――――
　　――――――――――――――――――――――――――――

2　再生債務者の業務及び財産に関する経過及び現状
　☑　再生手続開始申立書に添付した「陳述書」及び「財産目録」に記載した
　　とおりであり，現在まで変動はありません。
　□　再生手続開始の申立後に変動があったので，下記のとおり報告します。
　　（下欄に変動の状況を簡潔かつ具体的に記載してください。）
　　――――――――――――――――――――――――――――
　　――――――――――――――――――――――――――――
　　――――――――――――――――――――――――――――
　　――――――――――――――――――――――――――――
　　――――――――――――――――――――――――――――

3　その他再生手続に関して必要な事項
　☑　報告事項は特にありません。
　□　下記のとおり，報告します。
　　報告事項（簡潔かつ具体的に記載してください。）
　　――――――――――――――――――――――――――――
　　――――――――――――――――――――――――――――
　　――――――――――――――――――――――――――――
　　――――――――――――――――――――――――――――
　　――――――――――――――――――――――――――――

第4章　小規模個人再生のしくみと手続き

※注意　1　この財産目録の用紙は，あなたの財産の状況や財産の価額について，再生手続開始決定の時点と再生手続開始の申立てをした時点とで比較して，特に報告すべき変動が生じた場合にのみ使用するものです。
　　　　2　この用紙を使用して財産目録を提出するときは，変動のあった財産についてのみでなく，その項目の全部について，この財産目録を作成する際の状況を記載してください。

財　産　目　録

1　現金　　☑変動なし　　□変動あり

　　　　　_____円（再生手続開始決定の日時点での額）

2　預金・貯金　　☑変動なし　　□変動あり（下表のとおり）

金融機関（支店名）・郵便局の名称	口座種別	口座番号	預貯金残高（現在額）

※　上記預貯金の通帳について，表紙及び再生手続開始決定の日の時点での預貯金残高が分かる部分をコピーして添付してください。通帳を紛失している場合は，金融機関等から残高証明書を取得して添付してください。
（以下略）

3 債権額確定のための手続をする

異議がある場合は債権評価の申立てをする

■ 債権認否一覧表を提出する

　債権者からの債権届が出そろったところで、再生計画案作成のために債権の確定をしなければなりません。前述したように、債権者が特に債権の届出をしたり、債権がない旨の申出をしたりしなければ、債権者は債務者が債権者一覧表に記載した現在額または担保不足見込額を届け出たことになります。債権者一覧表に記載された債権額に異議がある債権者などは、裁判所に債権届を送ってきます。こうして出そろった債権届をもとに債権認否一覧表を作成し、裁判所に提出します。

■ 再生債権への異議申述

　再生手続が開始すると、債務者は再生債務者、債権者は再生債権者となり、債権は再生債権と呼ばれるようになります。本書では、こうした用語も用いますが、煩雑さを避けるために適宜、単に「債務者」「債権者」「債権」と呼ぶこともあります。

　債務者が債権認否一覧表（125ページ）に「認めない額」を記載したとしても、それだけでは異議の申立てをしたことにはなりません。異議がある場合は、異議申述をしなければなりません。

　なお、異議申述は債権者も債務者もすることができますが、債務者は、債権者一覧表に異議を述べることがある（異議を留保する）旨を記載していなければ、異議申述をすることができません。

　異議申述は、一般異議申述期間内に裁判所に異議書を提出して行います。異議書には、異議の相手方、異議の理由などを記載します。

再生債権評価の申立て

再生債権に対して異議申述があった場合、債権評価の手続きを経て債権の存否や額が決定されます。評価の申立てを誰がすべきかについては、以下のように分類することができます。

① 債権が執行力のある債務名義または終局判決のあるものでないとき（確定判決、和解調書、調停調書、執行証書などがないとき）は、債権者が債権評価の申立てをしなければなりません。
② 債権が執行力のある債務名義または終局判決のあるものであるとき（確定判決、和解調書、調停調書、執行証書などがあるとき）は、異議を申し立てた者が債権評価の申立てをしなければなりません。

評価の申立ては異議申述期間の末日から3週間以内にしなければならず、申し立てる際には予納金を裁判所に納めなければなりません。予納金の額は裁判所によって異なりますが、通常、2～5万円程度と考えればよいでしょう。

個人再生委員の選任

個人民事再生手続では、個人再生委員が選任さないこともありますが、再生債権評価の申立てがあった場合には、必ず個人再生委員が選任されます。個人再生委員は、再生債権の評価について裁判所の補助を行うことになり、債権の額や存否などを調査するために、債務者や債権者に対し資料の提出を求めることができます。

再生計画案の作成へ

前述のような手続き及び財産の評定などの手続きを経て、債権額が確定し、再生計画案を作成することになります。ただ、実際には債権への異議申述、評価の申立て、財産の評定などは行われず、手続きが進むことも珍しくありません。

📝 **債権認否一覧表** ……………………………………………………………

担当　　係

債権認否一覧表

平成　年（再イ）第　　号

再生債務者　広川昭男

債権者番号	債権番号	届出債権 債権者	届出債権 種類	届出債権 債権額	認否の種類 認める額	認否の種類 認めない額	備考
1	1	○○金融 ○○支店	貸金	3,250,000円	2,250,000円	1,000,000円	
2	1	○○銀行 ○○支店	貸金	35,000,000円	35,000,000円		
3	1	○○金融 ○○支店	貸金	805,000円	805,000円		
4	1	○○ファイナンス	貸金	2,500,000円	2,500,000円		

（注1）届出債権には，届出をしたものとみなされる債権を含む。
（注2）提出時に認否の方針が確定していないときは，認否欄を空欄とし，備考欄に認否留保と記載する。

第4章　小規模個人再生のしくみと手続き

④ 再生計画案の内容はどうする

弁済期間は３年以内が原則である

■ 再生計画案の内容と返済期間

　再生計画案の内容の中心となるのは、「いくら」を「どれくらいの期間」で返すか、ということです。いくら返すという再生計画案を立てればよいのかは、後述します。なお、再生計画案では、通常、「いくらを返す」というように具体的な金額を挙げるのではなく、「再生債権の元本および再生手続開始決定日の前日までの利息・遅延損害金についての合計額の○○パーセントに相当する額について免除を受け、そうした免除を受けた額を次のとおり弁済をする」というように免除率で返済額（「計画弁済総額」といいます）を表現します。また、再生計画案にそった返済計画表を作成します。

　弁済期間は３年以内が原則です。ただし、特別な事情があれば、５年以内でもよいとされています。つまり、３年以内の返済が原則ですが、それではどうしても再生計画が組めそうもないときには、５年まで認められる可能性もあります。ただし、この返済期間も、３年後や５年後に一括返済すればよい、というわけにはいきません。特別な事情がない限り、３か月に１回以上の頻度で分割返済しなければなりません。もちろん、３か月に１回以上の返済ができるなら、たとえば毎月返済するという計画でもよいわけです。

■ 小規模個人再生の場合の計画弁済総額はどうなる

　債務者が、再生計画に基づいて具体的に返済することになる「計画弁済総額」は最低弁済額以上でなければなりません。

小規模個人再生の場合は、再生手続の対象となる借金の総額が100万円未満の場合には、その額が最低弁済額となります。つまり、この場合には借金の額自体を減らすことはできません。また、借金の総額が100万円以上500万円未満の場合は100万円、借金の総額が500万円以上1500万円未満の場合は借金額の５分の１、借金の総額が1500万円以上3000万円以下の場合は300万円、借金の総額が3000万円を超え5000万円以下のときは借金額の10分の１がそれぞれ最低弁済額となります。

清算価値保障原則について

　計画弁済総額は最低弁済額以上でなければならないと同時に再生債務者が所有している財産の額以上でなければなりません。これを清算価値保障原則といいます。債務者が破産した場合、債務者が所有する財産を換金して債権者に分配することになります。個人民事再生ではこのような財産の換価・分配を行わない代わりに、財産分は弁済する、つまり計画弁済総額は財産を清算した場合の価値以上でなければならないのです。

　清算価値は、基本的には財産目録に記載された財産を合計して求めます。ただし、退職金見込額は通常その８分の１が清算価値となります。たとえば、再生手続の対象となる借金の総額が500万円であった場

■ 小規模個人再生の最低弁済基準額

基準債権の額	最低弁済基準額
100万円未満	その金額
100万円以上500万円未満	100万円
500万円以上1500万円未満	その金額の5分の1
1500万円以上3000万円以下	300万円
3000万円超〜5000万円以下	その金額の10分の1

合、最低弁済額は100万円です。しかし、もし財産の清算価値が200万円であった場合には200万円以上を計画弁済総額としなければなりません。また、清算価値が600万円であった場合には、500万円全額を弁済しなければなりません。後者の場合に財産の清算価値が600万円であるからといって600万円を弁済する必要はありません。

　なお、前述の最低弁済額の基準と清算価値保障原則は、小規模個人再生だけでなく給与所得者等再生にも適用されます。給与所得者等再生の場合は、これらに加えて可処分所得の基準についてもクリアしなければならないことになります。

債権者が納得しない場合もある

　これらの基準で求められるのは、あくまでの計画弁済総額の最低基準にすぎません。小規模個人再生では、もし、その人の収入などに照らしてみれば、もう少し負担できるということであれば、最低基準よりも多い額を計画弁済総額として再生計画案を作成したほうがよい場合もあります。

　最低弁済基準額によれば、3000万円の借金があっても、返済するのは300万円でかまいません。財産が300万円以下であるとして、計画弁済総額を300万円とする再生計画案を作成した場合、中には弁済総額が低すぎるといって納得しない債権者もでてくるかもしれません。債権者の同意がなければ再生計画案は可決されませんので、計画弁済総額を考える際には注意が必要です。また、3年を超える弁済期間を提案すると債権者に反対される確率も高まるといえますので、注意が必要です。

　再生計画案を作成するにあたっては、再生債権者が反対する傾向の強い債権者なのかそうでないのかを調査し、計画弁済総額や弁済期間を考えることが必要になってくるでしょう。

5 住宅ローンに関する特則を併用する場合の再生計画案の書き方

前もって金融機関と協議する

■ 再生計画案の提出はどうするのか

個人再生手続の場合には、債務者が申立てをするときに、債権者一覧表に住宅ローンに関する権利変更条項（住宅資金特別条項）を定めた再生計画案を提出する旨を記載しておかなければなりません。

同意型の場合を除いて、住宅資金特別条項付の再生計画案に対し、住宅ローン債権者が同意するかどうかは問題となりませんが、裁判所は住宅ローン債権者の意見を聴きます。このこともあって、債務者は、住宅資金特別条項を定めた再生計画案を提出する場合には、あらかじめ住宅ローン債権者と協議をしなければならないとされています。協議にあたっては、債務者の給与証明書や住宅の登記事項証明書などを、住宅ローン債権者に提出することになるでしょう。住宅ローン債権者は、債務者から提示された書類などを参考に、住宅資金特別条項の立案について助言をすることになります。

再生計画案によって、債務について便宜を図ってもらうには、住宅ローン債権者とよい関係を築くことが大切です。このような協議を行うことによって、債務者と住宅ローン債権者との間で、返済に向けた現実的な再生計画案を立てることができるのです。

■ 住宅資金特別条項の記載事項

住宅資金特別条項においては、住宅資金特別条項である旨と下記に記載した事項を明示しなければなりません。

① 再生計画において住宅資金特別条項を定めることができる住宅資

金貸付債権をもっている債権者、または巻戻し条項（住宅資金特別条項を定めた再生計画の認可決定が確定した場合において、保証会社がすでに金融機関に対して保証債務を履行していたときは、その保証債務は初めから履行されていなかったものとみなすこと）の規定により住宅資金貸付債権をもつこととなる者の氏名、住所
② 住宅と住宅の敷地の表示
③ 住宅と住宅の敷地に設定されている住宅資金貸付債権に規定された抵当権の表示

住宅資金特別条項の添付書類

債務者は、住宅資金特別条項を定めた再生計画案を提出するときには、以下に記載した書面を一緒に提出しなければなりません。
① 住宅資金貸付契約の内容を記載した書面の写し
② 住宅資金貸付契約に定める各弁済期における弁済すべき額を明らかにする書面
③ 住宅と住宅の敷地の不動産の登記事項証明書
④ 住宅以外の不動産（ただし、住宅の敷地を除く）で、住宅資金貸付債権で規定された抵当権が設定されているときは、その不動産の登記事項証明書
⑤ 債務者の住宅において自己の居住のために使用されない部分があるときは、この住宅のうち債務者の居住にために使用されている部分と使用されている部分の床面積を明らかにする書面
⑥ 保証会社が住宅資金貸付債権にかかる保証債務の全部を履行したときは、この履行により保証債務が消滅した日を明らかにする書面

再生計画案の書き方

法律によって定められた住宅資金特別条項には３つのパターンがありました（84ページ）。再生計画案を書くにあたって、これら３つの書

き方に、それほどの違いはありません。以下、再生計画案の書き方を見ていきましょう。

・再生計画案（132ページ）

再生計画案には、①再生債権に対する権利の変更、②住宅資金特別条項、③共益債権及び一般優先債権の弁済方法と３つの項目があります。基本的には、□にチェックを入れ、必要事項を記載していきますが、②住宅資金特別条項には、別紙として提出した物件目録と抵当権目録の内容を記載します。

・物件目録、抵当権目録（135ページ）

物件目録、抵当権目録に記載する住宅・住宅の敷地、抵当権の被担保債権（借りた金）は、住宅ローン債務を担保するために設定した抵当権についてのものです。これらの記載は、不動産登記事項証明書や契約書などを参考にすればよいでしょう。

・別紙１（136ページ）

住宅資金特別条項の内容によって、書き方が違ってきますが、ここでは、簡単に説明します。

期限の利益回復型の場合、冒頭に（民事再生法199条１項）と記載します。最終弁済延長型であれば（民事再生法199条２項）、元本猶予型であれば（民事再生法199条３項）と民事再生法の条文にそったかたちで記載します。

その次に、債権者の氏名または名称と対象となる住宅資金貸付債権を記載します。

その後で、条項の内容を記載していきます。この部分は各々の条項によって違ってきますが、住宅ローン債権者などと事前協議をして決まった内容を、□にチェックし、返済期間や弁済回数などを記載します。

最後に、弁済額の算定にあたり端数等の調整の仕方、原契約書の条項で変更する条項、を□にチェックします。

再生計画案

○○地方裁判所　　　平成　年（再ロ）第　　号

再　生　計　画　案

平成　年　月　日

再 生 債 務 者　　広 川 昭 男　㊞

第1　再生債権に対する権利の変更

1　一般条項

(1) 一般条項の対象となる再生債権

　下記2の住宅資金特別条項の対象となる再生債権を除いた全ての再生債権である。

(2) 権利の変更

　再生債務者は，各再生債権者からそれぞれが有する再生債権について，

　a　再生債権の元本及び再生手続開始決定の日の前日までの利息・損害金について　67　パーセントに相当する額

　b　再生手続開始開始決定の日以降の利息・損害金については全額について免除を受ける。

(3) 弁済方法

　a　再生債務者は，各再生債権者に対し，(2)の権利の変更後の再生債権について，次のとおり分割弁済をする。

　（分割弁済の方法）

　　再生計画認可決定の確定した日の属する月の翌月から

☑ 　3　年　　か月間は，毎月　末　日限り，1.67　パーセントの割
合による金員（月賦分・合計　36　回）

☑ 　3　年　　か月間は，毎年　7　月及び　12　月の　末　日限り，
6.78　パーセントの割合による金員（半年賦分・合計　6　回）

☐ 　毎年　　　　　　　　　　　　　　　の　　日限り，
　　　パーセントの割合による金員（合計　　　回）

b （2）による権利の変更後の請求権については下記のとおり

支払方法（具体的に）

2　住宅資金特別条項

別紙物件目録記載の住宅及び住宅の敷地に設定されている別紙抵当権目録記載の抵当権の被担保債権である住宅資金貸付債権について，以下のとおり住宅資金特別条項を定める。

氏名又は名称	住宅資金特別条項	住宅及び敷地	抵当権
1 ○○銀行	別紙　1　記載のとおり	物件目録　1・2番の物件	抵当権目録1番
2	別紙　　記載のとおり	物件目録　　番の物件	抵当権目録　　番
3	別紙　　記載のとおり	物件目録　　番の物件	抵当権目録　　番

＊　住宅資金特別条項によって権利の変更を受ける者の同意

☑ 　上記の住宅資金特別条項を定めることについて，これらの条項により権利の変更を受けることとなる各債権者は同意している（同意書添付）。

第2　共益債権及び一般優先債権の弁済方法

　　共益債権及び一般優先債権は，

　☑　随時支払う。

　☐　平成　　年　　月　　日までに一括して支払う。

　☐　下記のとおり支払う。

　　支払方法（具体的に）

　　　　　　　　　　　　　　　　　　　　　　　　以　　上

📝 **物件目録　抵当権目録** ………………………………………………………

物　件　目　録

1　住　宅

　　　所　　在　　○○市○○町○丁目○番地○
　　　家屋番号　　○番○
　　　種　　類　　居　宅
　　　構　　造　　木造瓦葺平家建
　　　床面積　　○○.○○平方メートル（所有者　広川昭男［再生債務者］）

2　住宅の敷地

　　　所　　在　　○○市○○町○丁目
　　　地　　番　　○番○
　　　地　　目　　宅　地
　　　地　　積　　○○.○○平方メートル（所有者　広川昭男［再生債務者］）

抵　当　権　目　録

1　債権者株式会社　　○○銀行　　が有する抵当権
　　平成16年3月26日付け金銭消費貸借契約により同日設定した抵当権
　　登記簿上の債権額　45,000,000円
　　利　息　年5パーセント（年365日日割計算による）
　　損害金　年10パーセント（年365日日割計算による）
　　債務者　広川昭男
　　登　記　○○法務局○○出張所　平成16年3月26日受付第0006号

別紙（民事再生法199条1項）

別紙1（民事再生法199条1項）

債権者（氏名又は名称）　　　　　　○○銀行　についての住宅資金特別条項

1　対象となる住宅資金貸付債権
　平成 16 年　3　月　26　日付 金銭消費貸借抵当権設定契約書（以下原契約書という。）に基づき，上記債権者が再生債務者に対して有する貸金債権
　□　上記債権者は，この再生計画を認可する決定が確定した場合には，これまでにあった保証会社の保証債務の履行がなかったものとみなされ，上記の住宅資金貸付債権を有することとなる。

2　条項の内容
　上記1の住宅資金貸付債権の弁済については，再生計画認可の決定の確定した日から，以下のとおりとする。
　(1) 再生計画認可の決定の確定の時までに弁済期が到来する元本に関する条項
　　　☑　3　年　　月の期間は毎月　末　日限り元本額の 1.67 パーセントに相当する金員（月賦分・合計　36　回）☑に約定利率による利息を付した金額を弁済する。
　　　☑　上記に加え，毎　7　月　末　日及び　12　月　末　日限り元本額の 6.78 パーセントに相当する金員（半年賦分・合計　6　回）を弁済する。
　　　□　下記 (3) に加算し，(3) に従って弁済する。
　(2) 再生計画認可の決定の確定の時までに生ずる利息・損害金に関する条項
　　　☑　3　年　　月の期間は毎月　末　日限り総額の 1.67 パーセントに相当する金員（月賦分・合計　36　回）を弁済する。
　　　☑　上記に加え，毎　7　月　末　日及び　12　月　末　日限り総額の 6.78 パーセ

ントに相当する金員（半年賦分・合計　6　回）を弁済する。
(3) 再生計画認可の決定の確定の時までに弁済期が到来しない元本及びこれに対する約定利率による利息に関する条項
（199条1項）
☑　住宅資金貸付契約における債務の不履行がない場合についての弁済の時期及び額に関する約定に従って弁済する。
（199条2項　元本一部猶予がない通常パターン）
　　□　　　年　　　月の期間は毎月　　　日限り，元本総額の　　　パーセントに相当する部分に，約定利率による利息を付して元利均等方式により計算した金額（月賦分・計　　　回）を弁済する。
　　□　上記に加え，毎　　　月　　　日及び　　　月　　　日限り，元本総額の　　　　パーセントに相当する部分に，約定利率を付して元利均等方式により計算した金額（半年賦分・合計　　　回）を弁済する。
（199条3項　元本一部返済猶予パターン）
　　□　　　年　　　月の期間（元本返済猶予期間という）は毎月　　　日限り
　　□　元本　　　円及び約定利率による利息・
　　□　元本および約定利率による利息の合計額　　　円（月賦分・計　　　回）を弁済する。元本猶予期間満了後の　　　年　　　月の期間は毎月　　　日限り，元本猶予期間満了時点の元本総額の　　　パーセントに相当する部分に，約定利率による利息を付して元利均等方式により計算した金額（月賦分・計　　　回）を弁済する。
　　□　上記に加え，元本返済猶予期間は毎　　　月　　　日及び　　　月　　　日限り
　　□　元本　　　円（及び約定利率による利息）
　　□　元本および約定利率による利息の合計額　　　円（半年賦分・計　　　回）を弁済する。元本猶予期間満了後の　　　年　　　月の期間は，毎　　　月

日及び   月   日限り，元本猶予期間   満了時点の元本
総額の   パーセントに相当する部分に，約定利率を付して元利均等方式に
より計算した金額（半年賦分・合計   回）を弁済する。
(4) 弁済額の算定にあたり端数等の調整の必要が生じた場合には
    ☐ 初回弁済額
    ☑ 最終弁済額
    ☐
    にて調整するものとする。
(5) ☐ 融資期間
    ☐ 下記の変更条項
    ☐ 別紙の変更条項
    を除く他は原契約書の各条項に従うものとする。

なお，平成〇〇年 〇 月 〇 日現在で仮に算出した本計画案に基づく返済計画案は別添の通りである。

第5章

給与所得者等再生の
しくみと手続き

1 給与所得者等再生はどんな人を対象にしているのか

継続性のない仕事については対象にならないこともある

■ 給与所得者とは

　給与所得者等再生とは、会社員などを対象とした再生方法です。小規模個人再生とは異なり、債権者の決議がなくても、再生計画が認められるというメリットがあります。給与所得者等再生は、小規模個人再生の特則なので、利用するには、小規模個人再生の利用資格（債務額が5000万円以下など）があることが必要です。その上で、給与所得者等再生に特有の要件を満たす必要があります。給与所得者等再生に特有の要件は以下のようになります。

　給与所得者等再生という名称からもわかるように、「給与またはそれに類する定期的な収入を得る見込みがあること」が、手続利用の条件になります。債務総額5000万円以下という条件の他に、給与などの定期収入があって、しかもその収入の変動幅が比較的小さいことも重要な要件となっています。ここで「収入の変動幅が小さい」というのは、具体的には、年収が前年比20％の範囲内に収まっていることが一つの目安になっています。

　ただ、絶対的にそうでなければならない、というわけではありません。たとえば、ある年の年収が600万円であれば、次の年の年収が480万円～720万円の範囲内と見込める人であれば、給与所得者等再生の対象になります。一般の会社員であればまずはクリアできるはずです。

■ あなたはどの給与所得者か

　一口に会社員といっても、最近はいろいろなパターンがありますか

ら、対象になるかどうかはっきりしない人もいるでしょう。

たとえば、営業職やタクシー・ドライバーなどで、給与のうち歩合給の比率が高い人の場合には対象外になることもあります。ただし、それまでの実績から見て歩合給にそう大きな変動がない人であれば、対象になる可能性もあります。つまり、収入の変動幅が前年比20％程度に収まらない場合でも、再生計画を履行できる可能性が否定されるような不安定な収入でなければよいわけです。

同じように、年俸制の１年契約の会社員のような場合でも、翌年も確実に契約更新できるような人なら大丈夫ですが、反対に、その保証のない人だと、対象にはなりません。

給与所得者等再生が利用できない場合は

給与所得者等再生が利用できない場合は、小規模個人再生を利用することは可能です。しかし、自分自身に収入がない専業主婦の場合は、通常、給与所得者等再生はもちろん小規模個人再生も利用できません。

■ 給与所得者等再生の対象

対象者	対象となるか否か
一般的な会社員	なる
継続的に勤務するアルバイト	なる
年金受給者	なる
就職が内定している失業者	なる
歩合比率の高い契約社員	ならない
専業主婦	ならない

② 可処分所得分を返済しなければならない

再生計画案提出前2年間の年収がベースになる

■ 年収をベースに可処分所得を導き出す

　給与所得者等再生では、計画弁済総額は再生計画案提出前2年間の平均年間可処分所得の2年分以上でなければなりません。つまり、再生計画案提出前2年分の可処分所得分の金額は返済しなければならないのです。もちろん、これに小規模個人再生と同様の最低弁済額、清算価値保障原則（127ページ）を考え、いずれか多い額以上を弁済しなければならないことになります。

　ただ、年収が大きく変動している場合には、必ずしも過去2年分の年収をベースにするとは限りません。以下、ケース別に見ていきましょう。

① 　年収にあまり変動がない場合

　まず、一般的な会社員のように、さほど年収に変化がない人であれば、再生計画案提出前の2年間の年収の平均をベースにします。ほとんどの会社員は、これに該当します。

② 　年収が大幅に減った場合

　再生計画案提出の前年に大幅な賃金カットが行われたり、あるいはリストラなどによって、出向や転職を余儀なくされ、大幅に年収がダウンしたばかりだ、という人もいると思います。こうした人については、過去2年分の年収の平均をベースにすると、再生計画そのものが現実性の乏しいものになってきます。そこでこの場合には、減少した年収をベースにします。

③ 　年収が急激に増加した場合

逆に、再生計画案提出前に、急激に年収が増加した人の場合は、その増加した年収をベースにします。もっとも、このような場合「債務者に破産の原因たる事実の生ずるおそれのあるとき」という要件に該当しなくなる可能性があります。

④　給与所得者となってからの年数が短い場合

しばらく自営業だった人が、業績不振で見切りをつけ、最近会社員になったばかりだ、という人はどうなるでしょうか。たとえば、実質1年半しか働いていないような場合には、その1年半分の収入を1.5で割って、1年分の年収に換算して、それをベースにします。こうして割り出された「年収」を基礎に、可処分所得を導きだします。

■ 給与所得者等再生の場合の最低弁済額

最低弁済額

- 借金総額が100万円未満のときは、その金額を返済する
- 借金総額が100万円以上500万円未満のときは、100万円を返済する
- 借金総額が500万円以上1500万円未満のときは、その金額の5分の1を返済する
- 借金総額が1500万円以上3000万円未満のときは、300万円を返済する
- 借金総額が3000万円を超え5000万円未満のときは、その金額の10分の1を返済する

例）年収500万円、借金総額900万円の会社員900万円の5分の1である180万円が最低弁済基準

可処分所得要件

- 所得税・住民税などを控除した手取り年収から最低限度の生活を維持するのに必要な1年間の費用（生活費）を控除した額（可処分所得）の2年間分を原則3年（例外5年）で支払う

3 可処分所得の金額を算出してみる

算出するための基準は政令に定められている

◼ 可処分所得とは

　給与所得者等再生では、可処分所得の2年分以上（または最低弁済額あるいは清算価値以上）を、原則として3年（例外5年）で返済し、残りの借金は免除してもらうことになります。

　可処分所得というのは、収入から所得税・住民税・社会保険料・生活費などを引いた残り、つまり、借金の返済に回すことができる金額のことです。税込み収入から所得税などを引いた手取額から、地域の特性や家族構成などに応じた生活保護基準をベースに1年分の費用を計算し、それが控除されることになります。

◼ 可処分所得を算出するための基準

　可処分所得を算出するための基準は、政令で定められています（巻末236～256ページ）。2009年6月の段階の資料を使って、具体的に見ておきましょう。

　まず、政令では全国の債務者の居住地域を大きく6区に分類します。その上で、それぞれの地区の特性や、債務者の年齢・家族構成などに応じて、①個人別生活費、②世帯別生活費、③冬季特別生活費、④住居費、⑤勤労必要経費、を定めています。

　これらの費用を、前項で求められた年収から引き算します。

◼ 具体的な費用の内訳

　年収から控除される費用を、年収500万円、借金総額900万円の東京

23区に暮らす4人家族（夫35歳、妻33歳、長女6歳、長男3歳）を例にとって、具体的に見ていきましょう。

個人別生活費というのは、人一人が生活するのに必要と思われる費用のことで、その人の年齢や居住している地域によって異なるものとされています。

たとえば、東京23区であれば、35歳の人で1年間49万9000円、3歳の子どもは34万1000円などとなっています。年齢に応じて変化してきますが、幼児では低く、小・中・高校生や高齢者では、比較的高く設定されています。また、33歳の妻も49万9000円、6歳の子どもは、44万2000円になります。

世帯別生活費も地域や家族構成などで異なってきます。東京23区で家族4人の場合は、70万3000円になっています。

冬季特別生活費というのは、冬の間の暖房費を考慮した費用で、寒冷地になると、当然この金額は大きくなります。ちなみに、東京23区では2万7000円ですが、北海道では20万円近くにもなります。

住居費は、住まいの維持費のことで、もっぱらそれぞれ地域の賃料相場などを参考に決められています。

勤労必要費は、居住地域と収入に応じて一律に定められています。ここでとり上げてきた、東京23区の年収500万円4人家族の場合には、年間55万5000円になります。

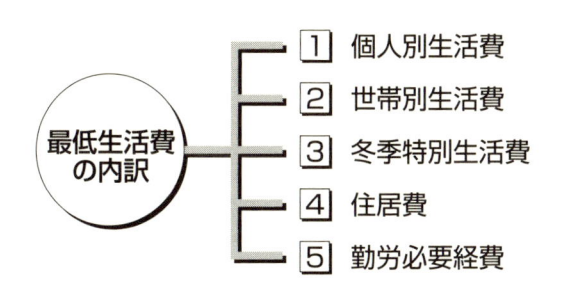

■ 年収から控除される最低生活費

最低生活費の内訳
- ① 個人別生活費
- ② 世帯別生活費
- ③ 冬季特別生活費
- ④ 住居費
- ⑤ 勤労必要経費

■ 可処分所得を求める

これらの金額の合計を手取り年収（所得税、住民税、社会保険料を控除したもの）から引き算すれば、可処分所得が求められます。実際に可処分所得を計算してみましょう。

> ①個人別生活費：
>   49万9000円×2＋44万2000円＋34万1000円＝178万1000円
> ②世帯別生活費：70万3000円
> ③冬季特別生活費：2万7000円
> ④住居費：83万5000円
> ⑤勤労必要経費：55万5000円
>   年収－（①＋②＋③＋④＋⑤）
> ＝500万円－（390万1000円）＝109万9000円

年収500万円なら、年間109万9000円が可処分所得になります。この2年分（109万9000円×2＝219万8000円）以上を、原則3年で返済するわけです。ちなみに、毎月返済することにすると、

月々の返済額は、

219万8000円÷（12か月×3年）＝6万1055円

になります。

最低弁済額や清算価格が219万8000円以下である限り、この219万8000円がこの会社員の「計画弁済総額」となります。なお、政令は物価の状況や生活保護基準の変更によって改正されていきますので、法務省のホームページ（http://www.moj.go.jp/）などで最新の数値を確認する事ができます。

④ 債権者の意見聴取と再生計画の不認可事由

不認可事由に該当しなければ大丈夫

債権者の異議は認められない

　給与所得者等再生では、原則として、債務者の可処分所得の2年分を原資として返済を行うことになっています。これまで見てきたように、可処分所得の計算は、厳密に決められています。

　可処分所得を算出するベースになる年収のとらえ方や、年収から控除できる最低限の生活を維持するのに必要な費用などが明確に定められ、債務者が故意に数字を操作したりすることはできないしくみになっています。

　このような厳密な規定によって、提出される再生計画案の妥当性を確保する反面、債権者の再生計画案に対する決議を省略して、小規模個人再生よりもさらに手続を簡素化しようとしているわけです。あえていえば、債務者にとっては、最低限の生活の下で返済しなければならない金額が法律によって定められているのだから、債権者は文句をいってはならない、というわけです。

債権者の意見を聴くことはある

　ただ、再生計画を認可する前に、裁判所は、債権者の意見を聴いて参考にすることがあります。ただし、ここで述べられる債権者の意見は、再生計画の不認可事由があるかないか、についての意見に限られます。意見がある債権者は、不認可事由を具体的に指摘した意見書を、裁判所に提出しなければなりません。

　債権者の意見は、具体的に不認可事由を指摘しなければなりません。

単に、再生計画の認可には反対だ、という意見は、裁判所に取り上げてもらえません。悪質な金融業者などが、理由もなく再生計画の認可に反対することなどは十分に予想されますが、そのような反対は無視されます。

具体的な不認可事由を指摘した書面が、債権者から提出された場合には、債権者に対して、書面で指摘された不認可事由に関する証拠の提出が求められます。この証拠が、再生計画を認可するかどうかの判断材料の一つにされる可能性はあります。

再生計画の不認可事由は

不認可事由には、小規模個人再生や、通常の民事再生と共通の不認可事由の他に、給与所得者等再生ならではの不認可事由もあります。

まず、①再生債務者が、給与又はこれに類する定期的な収入を得ている者に該当しないか、又はその額の変動の幅が小さいと見込まれる者に該当しないとき、②計画弁済総額が可処分所得要件を満たさない、という事由があると再生計画は認可されません。

また、次のような事由も不認可事由となります。

③給与所得者等再生の申立ての日から過去7年以内（以下、単に「過去7年以内」とします）に給与所得者等再生の再生計画の認可決定が確定していること、④過去7年以内にハードシップ免責の決定が確定していること、⑤過去7年以内に破産法に基づく免責の決定が確定していること。

5 給与所得者等再生申立と書式の書き方

ほぼ小規模個人再生の場合と同様である

■ 給与所得者等再生の申立て

　給与所得者等再生の申し立て方、申立書や陳述書などの記載の仕方は、小規模個人再生の場合とほとんど変わりはありません。ただ、申立てにあたっては、以下のような点に注意してください。

　給与所得者等再生において、申立て前に可処分所得を算出することは、重要な意味をもっています。142ページで述べたように、給与所得者等再生では、計画弁済総額は、再生計画案を提出する前2年間分の可処分所得額以上でなければなりません。可処分所得から算出される弁済額がわかれば、小規模個人再生の最低弁済額と比べて、どちらを選択するかの判断に役立てることができます。後述する可処分所得額算出シートは、原則として再生計画案と一緒に裁判所に提出すれば足りますが、あらかじめこのシートを作成しておけば、給与所得者等再生と小規模個人再生のどちらを選択すべきかを決めるための資料となるでしょう。また、裁判所によっては申立時にその時点での可処分所得額算出シートの提出を求めるところもありますし、自発的に申立時にこのシートを提出しておけば、その後の手続きがスムーズに進む場合もあります。

■ 可処分所得額算出シートの記載の方法

　可処分所得を算出するにあたっては、可処分所得額算出シートをもちいます。可処分所得額算出シートは、日弁連のホームページからダウンロードできます。記載の仕方もホームページからダウンロードで

きますので、参考にしてください。

http://www.nichibenren.or.jp/ja/legal_aid/format/kojinsaisei.html

■ 具体的な申立関係書類について

　給与所得者等再生の申立書は、小規模個人再生の申立書を参考に記載してください。ただ、小規模個人再生の申立書とは、いくつか異なっている部分もあるので、ここで簡単に説明していきます。

　なお、ここでは申立関係書類の他に、住宅ローンに関する特則を利用する場合に提出する再生計画案についての書類についても説明しておきます。

・再生手続開始申立書（152ページ）

　小規模個人再生とほとんど変わりはありませんが、給与所得者等再生を行うことができない場合に、あらかじめ、①小規模個人再生による再生手続、②通常の再生手続の一方か双方の開始を求めておくことができます。その場合には、申立書の（他の再生手続きに関する申述）の□にチェックを入れます。正本及び写しが1通必要になります。

・陳述書（155ページ）

　債務者の職業や収入、生活状況について記載します。記載方法は、該当する事項を○で囲んだり、□にチェックを入れたり、空欄のところに必要事項を記入することによって、作成できるようになっています。収入などは、給与明細書や源泉徴収票を参考にして記入します。

・家計全体の状況（162ページ）

　他の申立書類と矛盾しないように記載します。もし、矛盾しそうなおそれがある場合には、表の中に注意事項として、その旨を記載しておきます。

・財産目録（164ページ）

　所有している財産を記載します。その上で、財産を所有していることを証する書面も添付します。

・添付書類一覧表（167ページ）

　戸籍謄本や給与明細書などの申立時に提出すべき書類を用意します。それら申立てにあたって提出する書類を、添付書類欄の□にチェックを入れます。申立書類の不備は、再生手続の進行を遅らせる原因の一つになっています。添付書類一覧表に正確に記載するとともに、申立ての際には添付書類を忘れずに提出しましょう。

・債権者一覧表（172ページ）

　債権者を記載します。住宅ローンに関する特則を併用する場合には、住宅資金貸付債権についても記載します。

・可処分所得額算出シート（174ページ）

　給与所得者等再生の申立てには必ず必要になります。

・再生計画案（177ページ）

　住宅ローンに関する特則を利用する場合には、別紙に住宅資金特別条項を記載します。

・別紙（180ページ）

　住宅ローンに関する特則を利用する場合に記載します。条項の内容を記載することになります。

・物件目録　抵当権目録（179ページ）

　対象となる住宅と抵当権を記載します。

■ 給与所得者等再生の申立書式

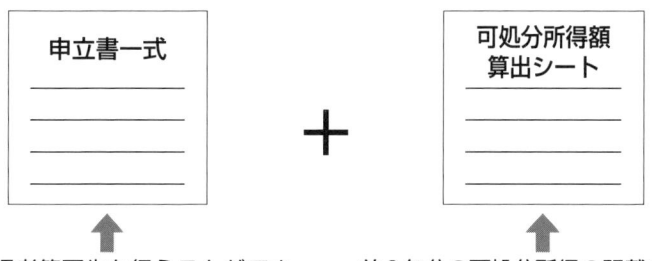

申立書一式	＋	可処分所得額算出シート
給与所得者等再生を行うことができない場合に、小規模個人再生、通常民事再生を求める旨の記載をする		前2年分の可処分所得の記載をする

再生手続開始申立書（給与所得者等再生）

再生手続開始申立書（給与所得者等再生）

○○地方裁判所 御中

平成　年　月　日

============ 申　　立　　人 ============

ふりがな　みどりやま　たろう
氏　　名：緑山太郎㊞

生年月日：昭和48年8月10日　年齢：35歳

住民票上の住所：○○市○○町○丁目○番○号

現　住　所：〒○○○-○○○○　○○県○○市○○町○丁目○番○号

連絡先電話番号：○○○-○○○-○○○○　☑自宅　□勤務先　□その他

ＦＡＸ番号：_____　□電話共用

送達場所の届出（※現住所と異なる場所で裁判所からの書類を受け取ることを希望する場合にのみ、その住所を記入してください。）

_____

============ 書　類　作　成　者 ============

司法書士：_____川田三郎_____㊞

事務所所在地：〒164-0034　東京都新宿区上落合四丁目○番○号

電話番号：03-1876-5431　　FAX番号：03-1876-5432

申立ての趣旨等

1 申立人について，給与所得者等再生による再生手続を開始する。
　との決定を求める。

※ あなたについて給与所得者等再生による再生手続を行うことが相当でないと裁判所が判断することになった場合に備えて，あらかじめ，①小規模個人再生による再生手続，②通常の再生手続のうち相当と認められる手続により，手続開始決定をすることを求めておくことができます。下記2では，あなたの希望する事項の前にある口に✓印を付けてください（両方に✓印を付けてかまいません。）。
　どの欄にも印がない場合には，給与所得者等再生以外では，再生手続の開始を求めていないものとして取り扱われることになります。

2 給与所得者等再生を行うことが相当と認められない場合には，
　□ ① 小規模個人再生による再生手続の開始を求める。
　□ ② 通常の再生手続の開始を求める。

申立ての理由等

1 申立人の負担する債務は，添付の**債権者一覧表**に記載したとおりであり，総額５０００万円（※1）を超えていないが，申立人の財産の状況及び収入の額等は，この申立書に添付した**陳述書**に記載したとおりであり，申立人には，破産の原因となる事実の生ずるおそれがある。
　申立人は，陳述書の「**第1　職業，収入の額及び内容等**」に記載したとおり，定期的かつ額の変動の幅の小さい収入を継続的に得る見込みがあり，下記3の方針により再生計画案を作成し，再生債権者の一般の利益に反しない弁済を行うことができる。
2 申立人には，陳述書の「**第5　過去の免責等に関する状況**」に記載したとおり，給与所得者等再生による再生手続を求めるのに支障となる事由はない。

3 再生計画案の作成の方針についての意見

各再生債権者に対する債務について,相当部分の免除を受けた上,法律の要件を充たす額の金銭を分割して支払う方針である。

☑ 住宅資金特別条項（※2）

なお,申立人所有の住宅（財産目録「11不動産」記載の土地,建物等）に関する住宅資金貸付債権については,債権者と協議の上,住宅資金特別条項を定める予定である。

（※1 総額には,住宅資金貸付債権の額及び担保権による回収見込額は除かれます。）

（※2 住宅ローン債務について再生計画で特別な条項を定める予定がある場合には,口に✓印をつけてください。）

添　付　書　類

別添の「**再生手続開始申立書(給与所得者等再生)の添付書類一覧表**」のとおり

📝 **陳述書** ………………………………………………………………………………

陳　　述　　書

平成　　年　　月　　日

申立人　氏　名　　緑山太郎　　　　印

この陳述書の書き方

　この陳述書は，該当する事項を○で囲んだり，□にレ（チェック）印を付けたり，空白のところに必要事項を記入することによって作成することができるようになっています。必要事項を記入するようになっている欄が不足する場合には，この陳述書の用紙と同じ規格（Ａ４判）の紙に記入し，そのことが分かるようにして，陳述書の末尾に付け足してください。

第1　職業，収入の額及び内容等
　1　職　業
　　現在の職業　☑会社員　□公務員　□団体職員
　　　　　　　　□その他（具体的に：　　　　　　　　　　　　　　　　）
　　現在の職業に就いた時期：昭和・㊙平成㊙　９　年　４　月
　　地位（役職名）：　一般職
　　仕事の具体的な内容：　総務
　　勤務先名：　株式会社〇〇〇〇
　　勤務先の住所：　〇〇県〇〇市〇〇町〇丁目〇番〇号

　2　収　入
　　　あなたの得ている収入について，以下に当てはまるものがあれば，その全部について記入をしてください。
　　☑給与所得

　　※各欄の金額は，税金や社会保険料を控除した後の「手取額」を記入してください。

　(1)　月　収：　28　万　5000　円
　(2)　賞与（ボーナス）□なし
　　　　　　　　　　　☑あり（最近１年間に受け取った額及びその時期）
　　　　　　　　　　　　　　60　万　　　　円　　20　年　6　月
　　　　　　　　　　　　　　60　万　　　　円　　20　年　12　月
　　　　　　　　　　　　　　　　万　　　　円　　　　年　　月
　　＊　最近3か月の給与明細書並びに過去2年間の源泉徴収票及び課税証明書（所得税や市町村・県民税の額や社会保険料の額が分かるもの）をそれぞれコピーして添付してください。

　　□年金，各種扶助等の受給（下表に必要事項を記入してください。）

種　　類	金額（月額）	受給開始の時期
	円	昭・平　　年　　月ころ
	円	昭・平　　年　　月ころ
	円	昭・平　　年　　月ころ

　　＊　年金や各種扶助の受給証明書のコピーを添付してください。
　　□その他（具体的に：　　　　　　　　　　　　　　　　）
　　　(1)　1か月当たりの収入の額：　　　万　　　円（手取額）
　　　(2)　収入を得る時期や額についての説明

＊　上記の収入について，支払を受ける時期や額が明らかになる書類のコピーを添付してください。

3 過去の職業，収入等
(1) 過去2年間に，就業先の変更などの理由（(2)に該当する場合を除く。）により，年収の額がそれまでの額に比べて5分の1以上の変動が
☑ なかった
□ あった
　　ア　直近の変動の時期：平成　　　年　　　月　　　日
　　イ　変動前の年収額：　　　万　　　円　　変動の前後の期間が年に満た
　　ウ　変動後の年収額：　　　万　　　円　　ない場合には，年収額に換算
　　エ　年収の額が変動することになった経緯を具体的に説明してください。
　（説明）

　　　＊　上記の経緯が説明できる資料（以前の就業先での給与証明書等）
　　　　を添付してください。

(2) 過去2年間に，給与所得者や年金受給者等（給与所得者等）に新たになったという事情が
☑ ない
□ ある
　　ア　給与所得者等になった時期：平成　　　年　　　月　　　日ころ
　　イ　以前の職業：□　　　　　　　　　　　□ 無職
　　ウ　以前の年収額：　　　　万　　　円
　　　（※以前の収入を得ていた期間が年に満たない場合には年額に換算）
　　エ　給与所得者等になった経緯を具体的に説明してください。
　（説明）

　　　＊　上記の経緯が説明できる資料（以前の就業先での給与証明書等）
　　　　を添付してください。

第2　生活の状況
1　家族関係

氏　　名	申立人との関係	生年月日	職　業	月　収	同居の有無
緑山広子	㊛妻・夫	昭49・12・5	主婦	0 円	☑同居 □別居
緑山一郎	子	平10・5・23	小学生	0 円	☑同居 □別居
		・　・		円	□同居 □別居
		・　・		円	□同居 □別居
		・　・		円	□同居 □別居

＊　同居者に収入がある場合は，それが分かる資料を添付してください。
※　家族（配偶者や子どもなど）の収入に関する記載は，あなたが扶養すべき家族の範囲を確定するとともに，あなたがこの手続の中で作成する再生計画のとおり返済を続けて行くことに無理がないかを判断するために必要ですので必ず記入してください。

2　現在の住居の状況
（1）　申立人
☑申立人所有の家屋　　□親族所有の家屋（無償）
□借家・賃貸マンション・アパート　　□社宅・寮
□公営，公団の賃貸住宅
□その他：＿＿＿＿＿＿＿＿＿＿＿＿＿＿＿＿＿＿＿＿＿＿＿＿

現在の住居について，申立人が家賃又は住宅ローンを支払っている場合には，次に記入してください。
1年間に支払う家賃（管理費込み）又は住宅ローンの額
　　　90　万　　　　　　円
＊　家賃を支払っている場合には，賃貸借契約書や住宅使用許可書のコピーを，住宅ローンを支払っている場合には，住宅ローンの契約書や返済予定表などを添付してください。
（2）　申立人と別居している被扶養者
※　家族に別居者がいて，あなた自身がその別居者を扶養しているときは，次の欄に必要事項を記入してください。

別居先の住所：＿＿＿＿＿＿＿＿＿＿＿＿＿＿＿＿＿＿＿＿＿＿＿＿

上記住所に居住する家族の氏名：＿＿＿＿＿＿＿＿＿＿＿＿＿＿＿

別居先の住居の状況
　□申立人所有の家屋　　□親族所有の家屋（無償）

□ 借家・賃貸マンション・アパート　□ 社宅・寮
　　　□ 公営，公団の賃貸住宅
　　　□ その他：＿＿＿＿＿＿＿＿＿＿＿＿＿＿＿＿＿＿＿＿＿＿＿
　　上記の住居について，申立人が家賃又は住宅ローンを支払っている場合
　には，次に記入してください。
　　１年間に支払う家賃（管理費込み）又は住宅ローンの額
　　　　　＿＿＿＿＿＿＿万＿＿＿＿＿＿＿円
　　＊　家賃を支払っている場合には，賃貸借契約書や住宅使用許可書のコ
　　　ピーを，住宅ローンを支払っている場合には，住宅ローンの契約書や
　　　返済予定表などを添付してください。

　　３　家計の状況
　　　　別紙「家計全体の状況」記載のとおり

第３　財産の状況
　　　　別紙「財産目録」記載のとおり

第４　負　債
　　１　負債の状況
　　　　申立書添付の「債権者一覧表」記載のとおり

　　２　公租公課（税金など），罰金等の滞納の状況
　　　　納付すべき税金，社会保険料，罰金（反則金），刑事訴訟費用，過
　　料等の滞納をしている事実が
　　　☑ ない
　　　□ ある（下の表に必要事項を記入してください。）

種　　類	納付すべき金額	納　付　期　限
	円	平・昭　　年　　月　　日
	円	平・昭　　年　　月　　日
	円	平・昭　　年　　月　　日
	円	平・昭　　年　　月　　日
	円	平・昭　　年　　月　　日

3 再生手続開始の申立てをするに至った事情
　＊　債権者一覧表に記載した債務を負うことになった原因について，次の①から⑦の中から当てはまるもの(複数の原因がある場合はそのすべてに)を選んで，その事項の前にある□にレ印を付けてください。⑦に印を付けた場合には，「具体的な事情」の欄に，その原因と事情について具体的に記入してください。
　☑① 申立人の病気，勤務先の倒産・リストラ等による収入の減少
　□② 自動車，家具等の高額商品の購入による支出の増大
　☑③ 住宅の購入による支出の増大
　□④ 仕事上の接待費の立替払い，契約金の立替払い，営業の穴埋めなどのための借金による支出の増大
　□⑤ 事業の失敗による負債の発生
　□⑥ 他人の借金を保証し，保証人として義務の履行を求められている。
　□⑦ その他の原因(下欄にその原因と事情を具体的に記入してください。)
　　具体的な事情

4 債権者との訴訟等の状況
　債権者との間で「調停」や「訴訟」中であったり，あなたの**財産(給与や不動産等)**について裁判所による「**差押え**」，「**仮差押え**」，「**仮処分**」等の処分がされている場合には，あなたが知っている限りの全部を下表に記入してください。

手続の種類	裁 判 所 名	事件番号	相 手 方

＊ 「調停申立書」や「訴状」及び「差押え，仮差押え，仮処分等の決定正本」などの書類がある場合には，その書類のコピーを添付してください。

第5 過去の免責等に関する状況
　1　今回と同様に，給与所得者等再生による再生手続を利用して再生計画が認められ，その再生計画に定められた弁済を終了したことが
　　　☑　ない
　　　□　ある　　平成＿＿年＿＿月＿＿日　再生計画認可決定
　　　　　　　　　裁判所名：＿＿＿＿地方裁判所＿＿＿＿支部
　　　　　　　　　事件番号：平成＿＿年(再ロ)第＿＿＿＿＿号
　　　　　　　　　再生計画に定めた弁済の終了：平成＿＿年＿＿月＿＿日

　2　再生手続を利用して再生計画が認められたが，その再生計画による弁済を行っている途中で，弁済を続けることが極めて困難となり，再生手続による免責（ハードシップ免責）の決定を受けたことが
　　　☑　ない
　　　□　ある　　平成＿＿年＿＿月＿＿日　再生計画認可決定
　　　　　　　　　裁判所名：＿＿＿＿＿＿地方裁判所＿＿＿＿支部
　　　　　　　　　再生事件の事件番号：平成＿＿年(再イ・ロ)第＿＿＿＿＿号
　　　　　　　　　免責事件の事件番号：平成＿＿年(モ)　第＿＿＿＿＿号

　3　破産免責手続を利用して，免責の決定を受けたことが
　　　☑　ない
　　　□　ある　　昭和・平成　＿＿年＿＿月＿＿日　免責決定
　　　　　　　　　裁判所名：＿＿＿＿＿＿地方裁判所＿＿＿＿支部
　　　　　　　　　免責事件の事件番号：平成＿＿年（モ）第＿＿＿＿＿号
　　　　　　　　　破産事件の事件番号：平成＿＿年（フ）第＿＿＿＿＿号

家計全体の状況

家計全体の状況（平成　　年　　月分）

＊　この表は，申立ての3か月前の月の状況について記入してください。

収入		支出	
費目	金額	費目	金額
給与（申立人）	285,000 円	家賃（管理費を含む）	円
給与（配偶者）	円	地代	円
給与（　　　）	円	駐車場料金	10,000 円
自営収入（配偶者）	円	食費	57,000 円
自営収入（　　）	円	電気料金	18,000 円
年金（申立人）	円	ガス料金	9,000 円
年金（配偶者）	円	水道料金	5,000 円
年金（　　　）	円	新聞料金	4,000 円
児童手当	円	電話料金	8,000 円
その他の扶助	円	ガソリン代	6,000 円
他からの援助	円	医療費	円
（援助者の名前　　　　　）		教育費	円
借入	円	交通費	円
その他（具体的に）	円	被服費	円
	円	冷暖房燃料費	円
	円	交際費	円
	円	娯楽費	円
	円	各種保険料・掛金	20,000 円
	円	返済（住宅ローン分）	75,000 円
	円	返済（その他）	43,000 円
	円	その他（具体的に）	円
	円		円
	円		円
	円		円
	円		円
	円		円
前月からの繰り越し	円	翌月への繰り越し	30,000 円
収入合計	285,000 円	支出合計	285,000 円

※注意　支出に関する記載について，陳述書や財産目録等との矛盾が指摘されるおそれがある場合には，説明事項を表の中に適宜記入してください。
　　　　また，収入合計と支出合計が等しくなるように記入してください。

家 計 全 体 の 状 況　（平成　　年　　月分）

*　この表は，申立ての前々月の状況について記入してください。

収　　入		支　　出	
費　　目	金　　額	費　　目	金　　額
給　与（申立人）	285,000 円	家賃（管理費を含む）	円
給　与（配偶者）	円	地　代	円
給　与（　　　　）	円	駐車場料金	10,000 円
自営収入（配偶者）	円	食　費	60,000 円
自営収入（　　　）	円	電気料金	15,000 円
年　金（申立人）	円	ガス料金	10,000 円
年　金（配偶者）	円	水道料金	5,000 円
年　金（　　　　）	円	新聞料金	4,000 円
児童手当	円	電話料金	10,000 円
その他の扶助	円	ガソリン代	5,000 円
他からの援助	円	医療費	円
（援助者の名前　　　）		教育費	円
借　入	円	交通費	円
その他（具体的に）	円	被服費	円
	円	冷暖房燃料費	円
	円	交際費	円
	円	娯楽費	円
	円	各種保険料・掛金	20,000 円
	円	返済（住宅ローン分）	75,000 円
	円	返済（その他）	51,000 円
	円	その他（具体的に）	円
	円		円
	円		円
	円		円
	円		円
	円		円
前月からの繰り越し	30,000 円	翌月への繰り越し	50,000 円
収入合計	315,000 円	支出合計	315,000 円

※注意　支出に関する記載について，陳述書や財産目録等との矛盾が指摘されるおそれがある場合には，説明事項を表の中に適宜記入してください。
　　　　また，収入合計と支出合計が等しくなるように記入してください。

✏️ **財産目録** ··

財　産　目　録

1　現　金　_____300,000_____円（申立日現在の額）

2　預金・貯金　　□なし　☑あり

金融機関(支店名)・郵便局の名称	口座種別	口座番号	預貯金残高(現在額)
○○銀行　○○支店	普通	○○○○○○○	100,000円

＊　上記預貯金の通帳について，表紙及び申立日時点での預貯金残高が分かる部分をコピーして添付してください。通帳を紛失している場合は，金融機関等から残高証明書を取得して添付してください。

3　貸付金　☑なし　□あり

相手の名前	金　額	貸付の時期	回収の見込み
	円	昭・平　年　月ころ	□あり　□なし　□不明
	円	昭・平　年　月ころ	□あり　□なし　□不明
	円	昭・平　年　月ころ	□あり　□なし　□不明

回収の見込みが「なし」又は「不明」にチェックした場合は，その事情を具体的に記載してください。
(事情)

＊　貸付についての契約書などがあれば，そのコピーを添付してください。

4　積立金（社内積立，財形貯蓄等）　☑なし　□あり

相手の名前	金　額	貸付の時期
	円	昭・平　年　月ころ
	円	昭・平　年　月ころ
	円	昭・平　年　月ころ

＊　金額は，申立時点での積立総額を記入し，その額の分かる資料を添付してください。

5　退職金制度　☑なし　□あり
　　仮に，今，退職したとしたら支払われるであろう退職金の見込額
　　_____万_____円
　　＊　退職金の見込額を証明する書類を添付してください。

6 保険（生命保険，損害保険，火災保険等）　☐なし　☑あり

保険会社名	保険の種類	証券番号	解約返戻金の額
○○生命保険会社	生命保険	○○○○○○○	100,000　円
			円
			円
			円
			円

＊　保険証券のコピー及びこの申立てをする時点での解約返戻金に関する証明書を添付してください。

7 有価証券等（株券，転換社債，ゴルフ会員権等）　☑なし　☐あり

種　類	取　得　時　期	時　　価
	昭・平　　年　　月ころ	円
	昭・平　　年　　月ころ	円
	昭・平　　年　　月ころ	円

＊　証券のコピー（表裏とも）とその証券の申立時の時価が分かる資料を添付してください。

8 電話加入権　　☐なし　☑あり　　合計＿＿１＿＿本

9 自動車，二輪車等　　☐なし　☑あり

車　　名	年　　式	時　　価	所有権保留
トヨタ	平成18年式	400,000　円	☐あり　☑なし
	年式	円	☐あり　☐なし
	年式	円	☐あり　☐なし

＊　車検証又は登録事項証明書のコピーとその車両の申立時の時価が分かる資料を添付してください。

１０　高価な品物（時価２０万円以上の品物をいう。）　☑なし　☐あり

品　　　物	現在の価値	購入の時期
	円	昭・平　　年　　月ころ
	円	昭・平　　年　　月ころ
	円	昭・平　　年　　月ころ

＊　高価な品物について，その現在の価値が分かるような資料があれば添付してください(生活必需品については記載する必要はありません。)。

１１　不動産（土地，建物，マンション）　□なし　☑あり

種　　類	地番/家屋番号	地目/種類	地積/床面積	時価
○○市○○町○丁目	○番○	宅地	○○.○○ ㎡	15,000,000円
○○市○○町○丁目○番○	○番○	居宅	○○.○○ ㎡	20,000,000円
			㎡	円

　　＊　上記の不動産について，登記簿謄本，時価（不動産業者２社分の見積書）及び課税額が分かる資料（固定資産税評価額証明書）を添付してください。

１２　敷　金　☑なし　□あり
現在預けている敷金の額：＿＿＿＿＿＿万＿＿＿＿＿＿円
　　＊　陳述書の「**第２の２　現在の住居の状況**」でコピーを添付する賃貸借契約書や住宅使用許可書に敷金に関する記載がある場合には，必ず記入してください。

１３　相　続　（遺産分割未了の財産も含む。）　☑なし　□あり

被相続人の名前	関　係	相続の時期	相続したもの
		昭・平　　年　　月ころ	
		昭・平　　年　　月ころ	
		昭・平　　年　　月ころ	

再生手続開始申立書（給与所得者等再生）の添付書類一覧表

再生手続開始申立書（給与所得者等再生）の添付書類一覧表

※ 申立書に添付して裁判所に提出する書類は、原本をコピーしたものでも結構です。
　なお、裁判所でコピーと原本を照合することがありますので、裁判所に出頭する際には、必ず添付書類の原本を持参してください。

申立てに当たって添付すべき書類 ※提出するものは□にレ印を付けてください。	裁判所記入欄 ※この欄は裁判所で記入します。	
「申立書」の添付書類	添付書類の確認等	結　果
1　☑戸籍謄本 2　☑住民票の写し 3　☑債権者一覧表	□確認 □補充	□補充済
「陳述書」の添付書類		
4　収　入 ☑申立人の給与明細書（3か月分） ☑申立人の源泉徴収票（2年分） □申立人の課税証明書（2年分） □受給証明書（　　　　　年金分） □受給証明書（　　　　　　分） □受給証明書（　　　　　　分） □その他（　　　　　　　　） □ □後から提出 後から提出する書類（　　　　　） 　　　　　　　　　　（　　　　　）	□確認 □補充 （内容）	□補充済 □提出済
5　過去の職業・収入等　☑添付書類なし □以前の就業先での給与証明書 □その他（　　　　　　　　　　） □ □後から提出 後から提出する書類（　　　　　） 　　　　　　　　　　（　　　　　）	□確認 □補充 （内容）	□補充済 □提出済
6　生活の状況　　　　　☑添付書類なし □同居人（　　　　　）の給与明細書 □同居人（　　　　　）の源泉徴収票 □受給証明書（　　　　　年金分） □受給証明書（　　　　　　分） □受給証明書（　　　　　　分） □その他（　　　　　　　　　　） □ □後から提出 後から提出する書類（　　　　　） 　　　　　　　　　　（　　　　　）	□確認 □補充 （内容）	□補充済 □提出済

第5章　給与所得者等再生のしくみと手続き

7　現在の住居の状況　　□添付書類なし □賃貸借契約書，住宅使用許可書（申立人分） □賃貸借契約書，住宅使用許可書（別居の被扶養者分） ☑住宅ローン契約書，返済予定表 □その他（　　　　　　　　　　　　　） □後から提出 　後から提出する書類（　　　　　　　　　　　） 　　　　　　　　　　（　　　　　　　　　　　）	□確認 □補充 （内容）	□補充済 □提出済
8　債権者との訴訟等の状況　☑添付書類なし □支払督促（支払命令）正本 □調停（和解）調書正本 □判決正本 □差押命令正本 □仮差押命令正本 □仮処分命令正本 □後から提出 　後から提出する書類（　　　　　　　　　　　） 　　　　　　　　　　（　　　　　　　　　　　）	□確認 □補充 （内容）	□補充済 □提出済
「財産目録」の添付書類		
9　預金・貯金　　　　　□添付書類なし ☑通帳　　　　（　1　冊） □残高証明書　（　　　通） □その他（　　　　　　　　　　　　　） □後から提出 　後から提出する書類（　　　　　　　　　　　） 　　　　　　　　　　（　　　　　　　　　　　）	□確認 □補充 （内容）	□補充済 □提出済
10　貸付金　　　　　　☑添付書類なし □契約書　　　（　　　通） □その他（　　　　　　　　　　　　　） □後から提出 　後から提出する書類（　　　　　　　　　　　）	□確認 □補充 （内容） □確認 □補充	□補充済 □提出済 □補充済
11　積立金　　　　　　☑添付書類なし □積立総額の分かる資料　（　　　通） □その他（　　　　　　　　　　　　　） □後から提出 　後から提出する書類（　　　　　　　　　　　） 　　　　　　　　　　（　　　　　　　　　　　）	（内容）	 □提出済

12　退職金制度　　　　☑添付書類なし	□確認	
□退職金見込額証明書	□補充	□補充済
□その他（　　　　　　　　　　）	（内容）	
□		
□後から提出		□提出済
後から提出する書類（　　　　　　　　　）		
（　　　　　　　　　）		

13　保　険　　　　　　□添付書類なし	□確認	
☑保険証券	□補充	□補充済
内訳　生命保険（　1　通）	（内容）	
損害保険（　　通）		
その他（　　通）		
☑解約返戻金に関する証明書　（　1　通）		
□その他（　　　　　　　　　　）		
□		
□後から提出		□提出済
後から提出する書類（　　　　　　　　　）		
（　　　　　　　　　）		

14　有価証券等　　　　☑添付書類なし	□確認	
□証券のコピー　　（　　　通）	□補充	□補充済
□証券の時価が分かる資料	（内容）	
（　　　　　　　　　　　　　　）		
□その他（　　　　　　　　　　）		
□		
□後から提出		□提出済
後から提出する書類（　　　　　　　　　）		
（　　　　　　　　　）		

15　自動車，二輪車等　　□添付書類なし	□確認	
☑車検証　　　　　　（　1　通）	□補充	□補充済
□登録事項証明書　　（　　通）	（内容）	
☑車両の時価が分かる資料		
（　　査定書1　通）		
□その他（　　　　　　　　　　）		
□		
□後から提出		□提出済
後から提出する書類（　　　　　　　　　）		
（　　　　　　　　　）		

16 高価な品物　　☑添付書類なし	□確認	
□	□補充	□補充済
□	（内容）	
□		
□後から提出		□提出済
後から提出する書類　（　　　　　　　　）		
（　　　　　　　　）		
17　不動産　　　　□添付書類なし	□確認	
☑土地登記簿謄本（登記事項証明書）（ 1 物件分）	□補充	□補充済
☑建物登記簿謄本（登記事項証明書）（ 1 物件分）	（内容）	
☑固定資産額評価額証明書　　　（ 1 物件分）		
☑評価書　　　　　　　　　　　（ 1 物件分）		
☑見積書（ 2 社分）　　　　　　（ 2 物件分）		
□その他（　　　　　　　　　　）		
□		
□		□提出済
□後から提出		
後から提出する書類　（　　　　　　　　）		
（　　　　　　　　）		
	□確認	
18　その他の財産　　☑添付書類なし	□補充	□補充済
□	（内容）	
□		
□		
□後から提出		
後から提出する書類　（　　　　　　　　）		□提出済
（　　　　　　　　）		
19　その他の添付書類等		
□添付書類なし	□確認	
□	□補充	□補充済
☑郵便切手	（内容）	
☑債権者住所あてラベル（ 2 組）		
□		
□		
□		
□後から提出		□提出済
後から提出する書類　（　　　　　　　　）		
（　　　　　　　　）		

20　申立人代理人が就いている場合の添付書類	□確認	
☑添付書類なし	□補充 （内容）	□補充済
□委任状 □清算価値チェックシート □可処分所得チェックシート □ □後から提出 　後から提出する書類（　　　　　　　　　　） 　　　　　　　　　　（　　　　　　　　　　）		□提出済

21　住宅資金特別条項を定める場合の添付書類	□確認	
□添付書類なし	□補充 （内容）	□補充済
☑住宅ローン契約書 ☑住宅ローン返済予定表 ☑土地登記簿謄本（登記事項証明書） ☑建物登記簿謄本（登記事項証明書） ☑居住部分及びその床面積を明らかにする書面 □保証債務が消滅した日を明らかにする書面 □ □後から提出 　後から提出する書類（　　　　　　　　　　） 　　　　　　　　　　（　　　　　　　　　　） 　　　　　　　　　　（　　　　　　　　　　） 　　　　　　　　　　（　　　　　　　　　　）		□提出済

第5章　給与所得者等再生のしくみと手続き

債権者一覧表

事件番号　〇〇地方裁判所　　　支部
　　　　　平成　　年(再)第　　　号

債　権　者　一　覧　表

(再生債務者の氏名：縫山太郎　　　　)

債権者番号	債権者の氏名又は名称、住所、電話番号、ファクシミリ番号	現　在　額（円）	発　生　原　因（当初の契約年月日、契約の種別、元金額を記入）	異議の留保	その他の記載
1	（〒　　　住所） 〇〇県〇〇市〇〇町〇ー〇ー〇 （氏名）〇〇金融 　　　　〇〇支店 TEL:〇〇〇-〇〇〇〇　FAX:〇〇〇-〇〇〇〇	2,000,000	平成8年9月12日金銭消費貸借契約	☑あり □なし	
2	（〒　　　住所） 〇〇県〇〇市〇〇町〇ー〇ー〇 （氏名）〇〇銀行 　　　　〇〇支店 TEL:〇〇〇-〇〇〇〇　FAX:	25,000,000	平成8年12月4日金銭消費貸借契約	☑あり □なし	住宅資金貸付債権。住宅資金特別条項を再生計画案に定める予定
3	（〒　　　住所） 〇〇県〇〇市〇〇町〇ー〇ー〇 （氏名）〇〇ファイナンス 　　　　〇〇支店 TEL:〇〇〇-〇〇〇〇　FAX:	300,000	平成10年6月3日金銭消費貸借契約	☑あり □なし	
4	（〒　　　住所） 〇〇県〇〇市〇〇町〇ー〇ー〇 （氏名）〇〇ファイナンス 　　　　〇〇支店 TEL:〇〇〇-〇〇〇〇　FAX:	500,000	平成9年10月4日金銭消費貸借契約	☑あり □なし	
	（〒　　　住所） （氏名） TEL:　　　　　FAX:			□あり □なし	
	（〒　　　住所） （氏名） TEL:　　　　　FAX:			□あり □なし	
	（〒　　　住所） （氏名） TEL:　　　　　FAX:			□あり □なし	
債権者一覧表記載の再生債権の合計額	(A)	27,800,000 円			

172

第5章 給与所得者等再生のしくみと手続き

表-1

住宅資金特別条項を定めた再生計画案様提出のとき記入する

住 宅 資 金 貸 付 債 権	債 権 額 （円）
1 債権者番号 ○○の債権者の有する ○○の債権	25,000,000
2 債権者番号 ○○の債権者の有する ○○の債権	
3 債権者番号 ○○の債権者の有する ○○の債権	
住宅資金貸付債権の額の合計 (B)	25,000,000 円

＊ 注 意 ＊
住宅資金特別条項を定めた再生計画案様提出の予定がある場合における住宅資金貸付債権については、表-2（別除権付債権）に記載する必要はありません。

表-2

別 除 権 付 債 権	担保不足見込額（円）	別除権の目的
1 債権者番号 ○○の債権者の有する ○○の債権	別除権の行使により弁済が見込まれる額（円）	
2 債権者番号 ○○の債権者の有する ○○の債権		
3 債権者番号 ○○の債権者の有する ○○の債権		
合 計 額	(C)	円

再 生 債 権 の 総 額	27,800,000 円

計算方法：再生債権の総額＝債権者一覧表記載の再生債権の合計額(A) －住宅資金貸付債権の額の合計(B) －別除権の行使により弁済が見込まれる額(C)

173

可処分所得額算出シート

可 処 分 所 得 額 算 出 シ ー ト

		再生債務者	被扶養者	被扶養者	被扶養者
	氏　　　　名	緑山太郎	緑山広子	緑山一郎	
※	年齢(平成19年4月1日現在)	35 歳	34 歳	11 歳	歳
※	続　　柄	本 人	妻	子	
※	同居・別居の別		(同居)・別居	(同居)・別居	同居・別居
※	居住地(別居の被扶養者のみ)				
※	居住地域の区分	第 1 区	第 1 区	第 1 区	第　区
※	① 過去2年間の収入合計額	12,280,000円	①÷2＝	6,140,000円	
	② 上記期間の所得税額相当額	300,000円			
	③ 上記期間の住民税額相当額	260,000円			
	④ 上記期間の社会保険料相当額	960,000円			
	⑤ 収入合計額から控除する額	1,520,000円	← ②＋③＋④		
	⑥ 1年間当たりの手取収入額	4,620,000円	← (①－⑤)÷2		
※	⑦ 個人別生活費の額	499,000円	499,000円	557,000円	円
※	⑧ 世帯別生活費の額	647,000円	円	円	円
※	⑨ 冬季特別生活費の額	24,000円	円	円	円
※	⑩ 住居費の額	835,000円(D)	円(D)	円(D)	円(D)
※	政令の住居費の額	835,000円(A)	円(A)	円(A)	円(A)
	再　生　債　務　者　居　住　建　物				
※	(1) 再生債務者が所有しているか	(はい)→(2)へ進む　　いいえ→(4)へ進む			
※	(2) 競売又は任意売却により建物の所有権を失う可能性があるか	はい→(3)・(4)は記載しない　(いいえ)→(3)へ進む((4)は記載しない)			
※	(3) 一般弁済期間の全期間を通じてローンの弁済をする予定があるか	(はい)・いいえ　　1年間の弁済見込総額　840,000円(B)			
※	(4) 一般弁済期間の全期間を通じて賃料の支払をする予定があるか	はい・いいえ　　1年間の支払見込総額　　　　　円(C)			
	別　居　被　扶　養　者　居　住　建　物				
※	(1) 再生債務者が所有しているか	はい→(2)へ進む　　いいえ→(4)へ進む			
※	(2) 競売又は任意売却により建物の所有権を失う可能性があるか	はい→(3)・(4)は記載しない　いいえ→(3)へ進む((4)は記載しない)			
※	(3) 一般弁済期間の全期間を通じてローンの弁済をする予定があるか	はい・いいえ　　1年間の弁済見込総額　　　　円(B)			
※	(4) 一般弁済期間の全期間を通じて賃料の支払をする予定があるか	はい・いいえ　　1年間の支払見込総額　　　　円(C)			
※	⑪ 勤労必要経費の額	555,000円			
	⑫ 上記合計額（1年分の費用額）	2,560,000円	499,000円	557,000円	円
	⑬ ⑫の合計額				3,616,000円
	⑭ 1年間当たりの可処分所得額(⑥－⑬)				1,004,000円
	⑮ 計画弁済総額の最低基準額(⑭×2)				2,008,000円

※印の記載に当たっては，別紙記載要領を参照して下さい。

可処分所得額算出シート記載要綱

```
　　　　　　　　　可 処 分 所 得 額 算 出 シ ー ト 記 載 要 領

● 年齢
　　再生計画案を提出した日以後の最初の４月１日における年齢を記載する。

● 同居・別居の別
　　「同居」を○で囲んだ被扶養者は，⑧，⑨，⑩の各欄に斜線を引く。「別居」を
　○で囲んだ被扶養者のうち，同じ所に居住している者がある場合は，そのうちの
　１人を除いて⑧，⑨，⑩の各欄に斜線を引く。

● 居住地
　　別居の被扶養者のみ，現在の居住地を記載する。

● 居住地域の区分
　　巻末の【表１】から居住地に該当する区を記載する。

① 過去２年間の収入合計額
　　再生計画案の提出前２年間の再生債務者の収入の合計額（額面合計額）を記載
　する。
　　なお，再生債務者の年収の額が再生計画案提出前２年間の途中で５分の１以上
　の変動があった場合（法２４１条２項７号イ）には，変動後の収入額を基に２年
　分の額を記載し，再生債務者が再生計画案提出前２年間の途中で給与所得者又は
　年金受給者等に新たになった場合（法２４１条２項７号ロ）には，そのようにな
　った後の収入額を基に２年分の額を記載する。

⑦ 個人別生活費の額
　　巻末の【表２】の居住地域の区分と年齢に応じた額を記載する。

⑧ 世帯４別生活費の額
　　⑧の欄に斜線を引いていない者の欄に，巻末の【表３】の居住地域の区分と居
　住人数（再生債務者本人及びその被扶養者に該当する者に限る。）に応じた額を
　記載する。

⑨ 冬季特別生活費の額
　　⑨の欄に斜線を引いていない者の欄に，巻末の【表４】の居住人数（再生債務
　者本人及びその被扶養者に該当する者に限る。），冬季特別地域の区分，居住地域
　の区分に応じた額を記載する。

⑩ 住居費の額
　　⑩の欄に斜線を引いていない者の欄に，それぞれ下記の手順に従って住居費の
　額を記載する。

　　・　政令の住居費の額
　　　　その者が居住する建物について，巻末の【表６】の所在する地域，所在する
　　　居住地域の区分，居住人数（再生債務者本人及びその被扶養者に該当する者に
　　　限る。）に応じた額を本シートの（Ａ）欄に記載する。
```

＜再生債務者居住建物＞欄の記載について
(1) 再生債務者が所有しているか
　　再生債務者が居住する建物を所有しているかどうか該当部分を○で囲む。
(2) 競売又は任意売却により建物の所有権を失う可能性があるか
　　(1)で「はい」を○で囲んだ場合，再生計画（住宅資金特別条項（注）を除く。）で定められた弁済期間（以下「一般弁済期間」という。）の期間内に競売又は任意売却により建物の所有権を失う可能性があるかどうか該当部分を○で囲む。
　　（注）住宅資金特別条項とは，再生債権者の有する住宅資金貸付債権（住宅ローン債権）の全部又は一部を，法で規定するところにより変更する再生計画の条項をいう（民事再生法１９６条４号）。
(3) 一般弁済期間の全期間を通じてローンの弁済をする予定があるか
　　(2)で「いいえ」を○で囲んだ場合，一般弁済期間の全期間を通じて住宅資金貸付債務の弁済（以下「ローンの弁済」という。）をする予定があるかどうか該当部分を○で囲む。
　　「はい」を○で囲んだ場合，１年間の弁済見込総額を本シートの（Ｂ）欄に記載する。ただし，元金均等方式で弁済をしている場合は，一般弁済期間中の弁済見込総額を１年当たりの額に換算した額を記載する。
　　「いいえ」を○で囲んだ場合であって，ローンの弁済をする予定がないときは，０円と記載し，その他の場合（一般弁済期間の途中でローンの弁済が終了するなどの場合）は，本シートの（Ａ）欄の額を記載する。
(4) 一般弁済期間の全期間を通じて賃料の支払をする予定があるか
　　(1)で「いいえ」を○で囲んだ場合，一般弁済期間の全期間を通じて居住する建物の賃料の支払をする予定があるかどうか該当部分を○で囲む。
　　「はい」を○で囲んだ場合，１年間の賃料の支払見込総額を本シートの（Ｃ）欄に記載する。
　　「いいえ」を○で囲んだ場合（例えば，親族が所有する建物に同居している場合）について，賃料の支払をする予定がない場合は，０円と記載し，その他の場合（自宅に戻るなど将来的に賃料の支払をしなくなる予定がある場合を含む。は，本シートの(Ａ)欄の額を記載する。

・　本シートの（Ｄ）欄に記載すべき額
　　本シートの（Ａ）欄の額，（Ｂ）欄の額，（Ｃ）欄の額を比較して，最も低い額を記載する。

＜別居被扶養者居住建物＞欄の記載について
　　別居している被扶養者がある場合は，⑩の欄に斜線を引いていない者について，その居住している建物に関し，＜再生債務者居住建物＞欄の記載についてと同様の方法で記載する。

⑪　勤労必要経費の額
　　収入が勤労に基づいて得たものである場合には，巻末の【表７】の法２４１条２項７号イからハまでにより算出した収入の額（①の額を２で除した額），居住地域の区分に応じた額を記載する。

再生計画案 ……………………………………………………………

○○地方裁判所　　　　平成　年（再ロ）第　　号

再　生　計　画　案

　　　　　　平成　年　月　日

　　　　　　再　生　債　務　者　　緑　山　太　郎　㊞

第1　再生債権に対する権利の変更
1　一般条項
　(1)　一般条項の対象となる再生債権
　　　下記2の住宅資金特別条項の対象となる再生債権を除いた全ての再生債権である。
　(2)　権利の変更
　　　再生債務者は，各再生債権者からそれぞれが有する再生債権について，
　　a　再生債権の元本及び再生手続開始決定の日の前日までの利息・損害金について　67　パーセントに相当する額
　　b　再生手続開始開始決定の日以降の利息・損害金については全額について免除を受ける。
　(3)　弁済方法
　　a　再生債務者は，各再生債権者に対し，(2)の権利の変更後の再生債権について，次のとおり分割弁済をする。
　　（分割弁済の方法）
　　　再生計画認可決定の確定した日の属する月の翌月から

☑ 3 年　　か月間は，毎月　末　日限り，1.67 パーセントの割合による金員（月賦分・合計　36　回）

☑ 3 年　　か月間は，毎年　7 月及び 12 月の　末　日限り，6.78 パーセントの割合による金員（半年賦分・合計　6　回）

☐ 毎年　　　　　　　　　　　　　の　　日限り，
　　　　パーセントの割合による金員（合計　　回）

　　b (2)による権利の変更後の請求権については下記のとおり
　　　支払方法（具体的に）

2　住宅資金特別条項

　別紙物件目録記載の住宅及び住宅の敷地に設定されている別紙抵当権目録記載の抵当権の被担保債権である住宅資金貸付債権について，以下のとおり住宅資金特別条項を定める。

	氏名又は名称	住宅資金特別条項	住宅及び敷地	抵当権
1	○○銀行	別紙　1 記載のとおり	物件目録 1・2番の物件	抵当権 目録1番
2		別紙 記載のとおり	物件目録 　　番の物件	抵当権 目録　番
3		別紙 記載のとおり	物件目録 　　番の物件	抵当権 目録　番

＊　住宅資金特別条項によって権利の変更を受ける者の同意

☑ 上記の住宅資金特別条項を定めることについて，これらの条項により権利の変更を受けることとなる各債権者は同意している（同意書添付）

第2　共益債権及び一般優先債権の弁済方法

　共益債権及び一般優先債権は，

☑ 随時支払う。

☐ 平成　　年　　月　　日までに一括して支払う。

☐ 下記のとおり支払う。

　支払方法（具体的に）

　　　　　　　　　　　　　　　　　　　　　　　　以　　上

✏️ **物件目録　抵当権目録** ……………………………………………………

物　件　目　録

1　住　宅

　　所　　在　　〇〇市〇〇町〇丁目〇番地〇
　　家屋番号　　〇番〇
　　種　　類　　居　宅
　　構　　造　　木造瓦葺平家建
　　床面積　　〇〇.〇〇平方メートル（所有者　緑山太郎［再生債務者］）

2　住宅の敷地

　　所　　在　　〇〇市〇〇町〇丁目
　　地　　番　　〇番〇
　　地　　目　　宅　地
　　地　　積　　〇〇.〇〇平方メートル（所有者　緑山太郎［再生債務者］）

抵　当　権　目　録

1　債権者株式会社　　〇〇銀行　　が有する抵当権

　　平成8年12月4日付け金銭消費貸借契約により同日設定した抵当権
　　登記簿上の債権額　35,000,000円
　　利　息　年5パーセント（年365日日割計算による）
　　損害金　年10パーセント（年365日日割計算による）
　　債務者　緑山太郎
　　登　記　〇〇法務局〇〇出張所　平成8年12月4日受付第〇〇〇〇号

📝 **別紙1（民事再生法199条1項）** ....

別紙1（民事再生法199条1項）

債権者（氏名又は名称）　　　　　　○○銀行　についての住宅資金特別条項

1　対象となる住宅資金貸付債権

平成 8 年 12 月 4 日付 金銭消費貸借抵当権設定契約書（以下原契約書という。）に基づき，上記債権者が再生債務者に対して有する貸金債権

☐　上記債権者は，この再生計画を認可する決定が確定した場合には，これまでにあった保証会社の保証債務の履行がなかったものとみなされ，上記の住宅資金貸付債権を有することとなる。

2　条項の内容

上記1の住宅資金貸付債権の弁済については，再生計画認可の決定の確定した日から，以下のとおりとする。

(1)　再生計画認可の決定の確定の時までに弁済期が到来する元本に関する条項

　　☑　3 年　月の期間は毎月　末　日限り元本額の 1.67 パーセントに相当する金員（月賦分・合計 36 回）☑に約定利率による利息を付した金額を弁済する。

　　☑　上記に加え，毎 7 月　末　日及び 12 月　末　日限り元本額の 6.78 パーセントに相当する金員（半年賦分・合計 6 回）を弁済する。

　　☐　下記(3)に加算し，(3)に従って弁済する。

(2)　再生計画認可の決定の確定の時までに生ずる利息・損害金に関する条項

　　☑　3 年　月の期間は毎月　末　日限り総額の 1.67 パーセントに相当する金員（月賦分・合計 36 回）を弁済する。

　　☑　上記に加え，毎 7 月　末　日及び 12 月　末　日限り総額の 6.78 パーセ

ントに相当する金員（半年賦分・合計　6　回）を弁済する。
(3) 再生計画認可の決定の確定の時までに弁済期が到来しない元本及びこれに対する約定利率による利息に関する条項

（199条1項）

☑　　　　住宅資金貸付契約における債務の不履行がない場合についての弁済の時期及び額に関する約定に従って弁済する。

（199条2項　元本一部猶予がない通常パターン）

☐　　　年　　　月の期間は毎月　　　日限り，元本総額の　　　パーセントに相当する部分に，約定利率による利息を付して元利均等方式により計算した金額（月賦分・計　　　回）を弁済する。

☐　上記に加え，毎　　　月　　　日及び　　　月　　　日限り，元本総額の　　　　　パーセントに相当する部分に，約定利率を付して元利均等方式により計算した金額（半年賦分・合計　　　回）を弁済する。

（199条3項　元本一部返済猶予パターン）

☐　　　年　　　月の期間（元本返済猶予期間という）は毎月　　　日限り

☐　元本　　　円及び約定利率による利息・

☐　元本および約定利率による利息の合計額　　　円（月賦分・計　　　回）を弁済する。元本猶予期間満了後の　　　年　　　月の期間は毎月　　　日限り，元本猶予期間満了時点の元本総額の　　　パーセントに相当する部分に，約定利率による利息を付して元利均等方式により計算した金額（月賦分・計　　　回）を弁済する。

☐　上記に加え，元本返済猶予期間は毎　　　月　　　日及び　　　月　　　日限り

☐　元本　　　円（及び約定利率による利息）・

☐　元本および約定利率による利息の合計額　　　円（半年賦分・計　　　回）を弁済する。元本猶予期間満了後の　　　年　　　月の期間は，毎　　　月

　　　　　　　日及び　　　月　　　日限り，元本猶予期間　　満了時点の元本総額の　　パーセントに相当する部分に，約定利率を付して元利均等方式により計算した金額（半年賦分・合計　　回）を弁済する。
(4)　弁済額の算定にあたり端数等の調整の必要が生じた場合には
　　　☐　初回弁済額
　　　☑　最終弁済額
　　　☐
にて調整するものとする。
(5)　☐　融資期間
　　　☐　下記の変更条項
　　　☐　別紙の変更条項
　　を除く他は原契約書の各条項に従うものとする。

　なお，平成〇〇年　〇　月　〇　日現在で仮に算出した本計画案に基づく返済計画案は別添の通りである。

第6章

自己破産のしくみと手続き

① 自己破産とはどんなしくみになっているのか

人生をやり直すことができる

■ 自己破産は最後の手段

　リストラや給料のカットなどさまざまな理由で、住宅ローンの支払いが難しくなることがあります。そのような場合、多くの人は借金をしてでもローンを返そうとします。ローンの返済が滞れば、自宅を失ってしまうからです。ただ、借金を繰り返した結果、借金が膨れ上がり、どのような法的手段を使っても、返済することが不可能な状態になることがあります。

　このような状態になったとき、残された手段は**自己破産**しかありません。自己破産とは、簡単に言えば、債務者自らが裁判所に破産申立をして債務者の負っている借金を免除してもらう制度です。

　年収の何十倍もの借金を背負って、どうにもならない人にとっては、まさに究極の借金整理法といえるでしょう。

　ただ、自己破産をすれば、生活必需品を除いた財産を失うことになります。当然、自宅も失います。

■ 破産手続とはどんなことかを知っておこう

　破産手続の流れは、大きな4つの局面からなっています。
①　破産手続の開始（破産手続開始決定手続）
②　配当を受けることができる債権（破産債権）の確定
③　配当のもとになる財産（破産財団）の管理・換価
④　破産手続の終了（破産終結手続）
　まず、この①〜④の手続を開始すべきかどうかを審理・判断するた

めの手続が必要です。それが裁判所が行う破産手続開始決定手続です。この破産手続開始決定を受けるためには、破産原因が必要になります。この破産原因を支払不能（30ページ）といいます。支払不能とは、債務を継続的に返済することができなくなることをいいます。裁判所が債務者が支払不能であることを認めると、破産手続開始決定がなされます。

破産手続開始決定手続は破産申立てによって開始され、破産手続開始決定の決定によって終了します。この決定を受けたときから、債務者は破産者になります。

破産手続とは、破産者の財産を処分して、債権者に平等に弁済（返済）することを目的とする手続です。正確には、「破産財団を換価して、破産債権者に配当するための手続」といいます。この目的を達成するためには、一方で、配当を受けることができる債権はどのようなものか、それが全体としてどれくらいの額になるのかを確定しなければなりませんし、他方で、配当のもとになる財産がどれほどあるのかを確定して、配当するための財源を作らなければなりません。

このようにして、配当を受けることができる債権（これを破産債権といいます）とその総額が確定し、配当のもとになる財源ができると、最後にその両者をつきあわせて、配当の手続が行われ、破産手続が終了することになります。

以上述べたことが、破産手続のいわば本体です。破産管財人主導のもとで進められる手続ですから、これを管財手続とか管財事件といったりします。しかし、破産手続はこの４つの局面だけからなっているわけではありません。

また、破産手続において、財産を換価し、債権者に債務を支払ったものの、まだ、債務が残っている場合には、免責手続（192ページ）をすることになります。

② 破産手続にはどんな特色があるのか

抵当権は破産手続きとは別に行使することができる

■ 債権者に平等に分配するための手続

ここで破産手続の特色について簡単に見ておきましょう。

① **債務者は管理処分権を失う**

財産処分権が、破産管財人に帰属します。したがって、債務者は財産の管理処分権を失います。つまり、財産を勝手に売ったりすることができません。

② **公租公課が優先される**

破産では、総財産を換価し分配するのですが、公租公課（税金など）の支払いについては優先されます。

③ **担保権者（別除権者）の権利行使は妨げられない**

質権や抵当権を持つ債権者は、破産手続によらず担保権を実行できます。住宅ローンを設けている場合、自宅に抵当権が設定されていますから、保証会社などの債権者は、破産手続きによらないで、抵当権を実行してきます。抵当権などの担保権を実行して回収できなかった部分は、破産手続において権利を行使することができます。担保権の実行では全額回収できないことが予測できれば、その予想不足額を届け出ないと破産手続での債権者として扱われません。

なお、実務においては、破産管財人は、担保権がついた不動産を任意売却（49ページ）することが多いようです。

④ **金銭による平等弁済**

破産管財人によって、総財産は金銭に換価されます。そしてその金銭が債権額に応じて債権者に平等に分配され、弁済されることになり

ます。

⑤　時間と費用がかかり、配当率は一般的に低い

　倒産時の混乱で書類などが散逸し、まず破産者の財産を把握することに時間がかかります。その上、破産者の在庫商品を買うのは専門の業者がほとんどで、市場価格の１割にも満たない金額でしか買ってくれません。不動産も多くの場合、時価を上回る担保がついている上に、専門の業者が時価よりも低い金額で購入を希望するケースがほとんどなので、破産財団に入る金額はわずかなものとなります。不動産価値の下落している昨今では、そもそも不動産を買いたいという人もなかなか出てこないこともあります。

　破産者の売掛金についても任意に支払われないときには、破産管財人が訴訟を起こして強制執行（57ページ）で取り立てるしかないので、簡単には回収できません。このために、破産手続の終了までには時間がかかり、配当があったとしても本来の債権額の３～５％程度にしかならないことがほとんどです。

■ 別除権とは

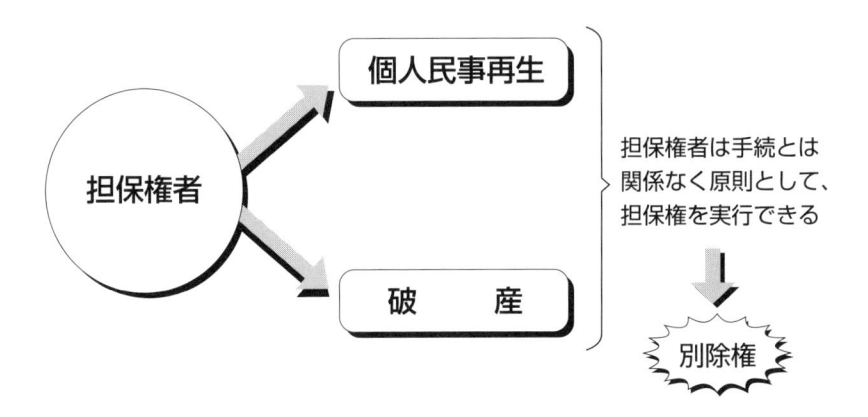

```
担保権者 → 個人民事再生
       → 破産
```

担保権者は手続とは関係なく原則として、担保権を実行できる → 別除権

③ 自己破産による メリットとデメリット

デメリットは意外に少ない。制限される事項を把握しておく事

■ 自己破産のメリットは何か

　破産手続開始決定を受けると債務者は破産者になります。破産者という言葉には暗い響きがありますが、暗い話ばかりではありません。

　まず、それまでの厳しい取り立ては、ほとんどの場合に、ピタリと止まります。債権者も債務者が破産者となれば支払不能（30ページ）であることは認めざるをえません。

　債務者が自己破産の申立てをした場合には、裁判所から債権者宛に通知が届きますから、たとえそれまで債権者に黙っていたとしても支障はありません。しかし、取立てをやめさせるために、債務者の方から債権者にその旨を通知するのが一般的です。債務者から自己破産の申立てをしたという通知を受け取った後は、債権者は正当な理由なく債務者に返済するように請求することは禁止されています。

　ところで、破産手続開始決定を受けるとさまざまな資格制限やデメリットがあることは確かです。破産する場合には少々気になるところですが、それも後述する免責を受けて復権（破産によって制限された資格を回復すること）するまでのことです。

■ 破産法上の制限を知っておく

① 財産の管理処分権の喪失

　破産手続開始決定を受けて破産管財人が選任されると、破産者は原則として、すべての財産に対する一切の管理処分権を失います。

② 債権者への説明義務

　破産者は破産管財人や債権者集会などの求めに応じて資産・負債の状況や破産に陥った事情などについて説明しなければなりません。この義務に違反すると破産犯罪として処罰される他に、免責不許可事由（ギャンブルで借金を作るなど免責が認められない事情のこと）とされます。

③ 居住制限

　破産者は裁判所の許可を得ないで引越したり、海外旅行など長期の旅行をすることはできなくなります。これに違反すると免責不許可の事由にもなります。

④ 引致と監守

　破産者が説明義務を尽くさなかったり、破産手続の妨害をしたりすると場合によっては裁判所に引致（身柄の拘束）されます。また、逃亡や財産隠しのおそれがある場合には監守（監督、取締り）されたりします。

⑤ 通信の秘密の制限

　破産者宛の郵便物が破産管財人に配達されるようになることもあります。管財人は受け取った郵便物を開封し、読むこともできます。破産者は自分宛の郵便物を見せてもらったり、破産手続に関係のない郵便物は渡してもらったりすることができます。

その他こんな資格制限がある

　破産者はいわゆる「士業」といわれる弁護士・弁理士・司法書士などにはなれません。また、すでにそれらの職にある人は免責決定がでるまでは資格を失います。なお、教員や自衛隊員・一般公務員・古物商・薬剤師・医師・看護師・建築士などの職にある人は破産手続開始決定を受けても資格を失うことはありません。

　また、破産者は後見人や保佐人、遺言執行者などにはなれません。

また、株式会社の取締役・監査役については退任事由になります。

この他、破産者は、本籍地の市区町村役場にある「破産者名簿」に登録されます。破産者名簿は非公開ですから第三者が見ることはできませんし、免責を受ければ名簿から抹消されます。そして戸籍や住民票には記載されません。また、破産手続開始決定とそれに伴う管財人の選任などは官報で公告（掲載）されます。ただ、これらの公告を細かく読んでいる人はあまりいないので、破産したことを知られる心配はあまりありません。破産手続開始決定を受ければ、だいたい5〜7年は信用情報機関の「事故情報（いわゆるブラック・リスト）」に掲載されますから、新たにクレジット・カードを作ったり、金融機関から融資を受けたりすることはできなくなります。ただし、ブラック・リストの閲覧は、信用情報機関に加盟している金融機関・貸金業者と本人に限られ、情報は公開されません。

■ 破産による資格制限

●資格を喪失するおもな職種
　弁護士　公認会計士　税理士　弁理士　公証人　司法書士　社会保険労務士　不動産鑑定士　人事院人事官　検察審査員　土地家屋調査士　宅地建物取引業者　公正取引委員会の委員長および委員　商品取引所会員・役員　証券取引外務員　生命保険募集員および損害保険代理店　警備業者および警備員　国家公安委員会委員　質屋　風俗営業者および風俗営業所の管理者　教育委員会委員　日本中央競馬会の役員

●民法上の制限
　後見人、後見監督人、保佐人、遺言執行者になれない

●会社法上の制限
　合名会社・合資会社・合同会社の社員や株式会社の取締役、監査役については退任事由

④ 自己破産の手続きの流れを見ておこう

破産手続と免責手続がある

■ 自己破産の手続きの流れ

　債務者が借金から解放されるには、破産手続の他に免責手続が必要です。そこで、晴れて再起のときを迎えるまでには、大きく分けて２つの段階を踏むことになるわけです。

① 　申立てから破産手続開始決定まで

　自分の住所を管轄する地方裁判所に破産手続開始の決定と免責許可の決定を求める申立てをすることからはじまります。申立てを受けた裁判所は、申立てが適法かどうか、費用の予納があるかなど手続に不備はないかを調べ、さらに債務者に支払不能などの破産原因があるかどうかを調べます。これらの調査は書面だけで行う場合と、債務者を裁判所に呼び出して話を聞いて行う（破産審尋）場合とがあります。

② 　管財事件

　破産手続開始決定を受けたとしても、それはまだ破産手続の入り口に入ったにすぎません。ここで、債務者にある程度の財産があれば、管財事件となります。そうでなければ同時廃止（次ページ）です。ここにひとつの分かれ道があります。

　住宅ローンを抱えている場合には、不動産があることになりますから、原則として管財事件になります。

　管財事件となれば、破産管財人（破産者の財産を管理する者）が選任され、以後は、債権の確定から破産財団の換価・配当という本来の破産手続になります。配当が完了すれば破産手続は終了しますが、それでも残ってしまった借金から解放されるには、免責手続が必要です。

また、いったん、管財事件になっても事情によってはすぐに破産手続が廃止されることもあります。管財事件の場合は、破産手続が終了するまでに、1年以上の期間がかかることもあります。破産財団に属する財産を売却・処分するには時間と手間がかかりますから、場合によっては数年かかることさえあります。そこで、破産した場合でも、一般には管財人が家を売却するまで、または競売手続がすむまでは、破産者は自宅に住み続けることもできます。

③　同時廃止

　破産手続に必要な費用を捻出できるだけの財産がない場合には、それ以上破産手続を進めてみても意味がありません。このような場合には、はじめから破産管財人を選任しないで破産手続開始決定と同時に破産手続を終結してしまいます。これを同時廃止といいます。

④　免責手続

　破産は確かに借金整理の切り札です。しかし、破産手続開始決定を受ければ借金が帳消しになるかといえば、そうではありません。

　破産手続開始決定は、あくまで債務者に返済能力がないということを裁判所が認めただけのことで、破産手続の入り口に入ったにすぎず、借金の支払義務は残っています。借金を帳消しにするには、破産手続に続いて免責手続が必要です。この手続で免責が認められてはじめて、借金はゼロになるのです。結局、債務者が借金から解放されるには破産手続と免責手続の2つのステップをふむことが必要なのです。

　債務者が破産の申立てをした場合には、原則として免責の申立てもしたものとみなされます。

　ただ、免責は必ず認められるとは限りません。免責は債務者に立ち直りのチャンスを与え、救済するための制度ですから、その必要がない人については、免責が認められません。そこで法律では免責を許さない場合（免責不許可事由）を定めています。免責の決定は裁判官が状況を総合的に判断して行います。

■ 破産申立てから免責まで …………………………………………………

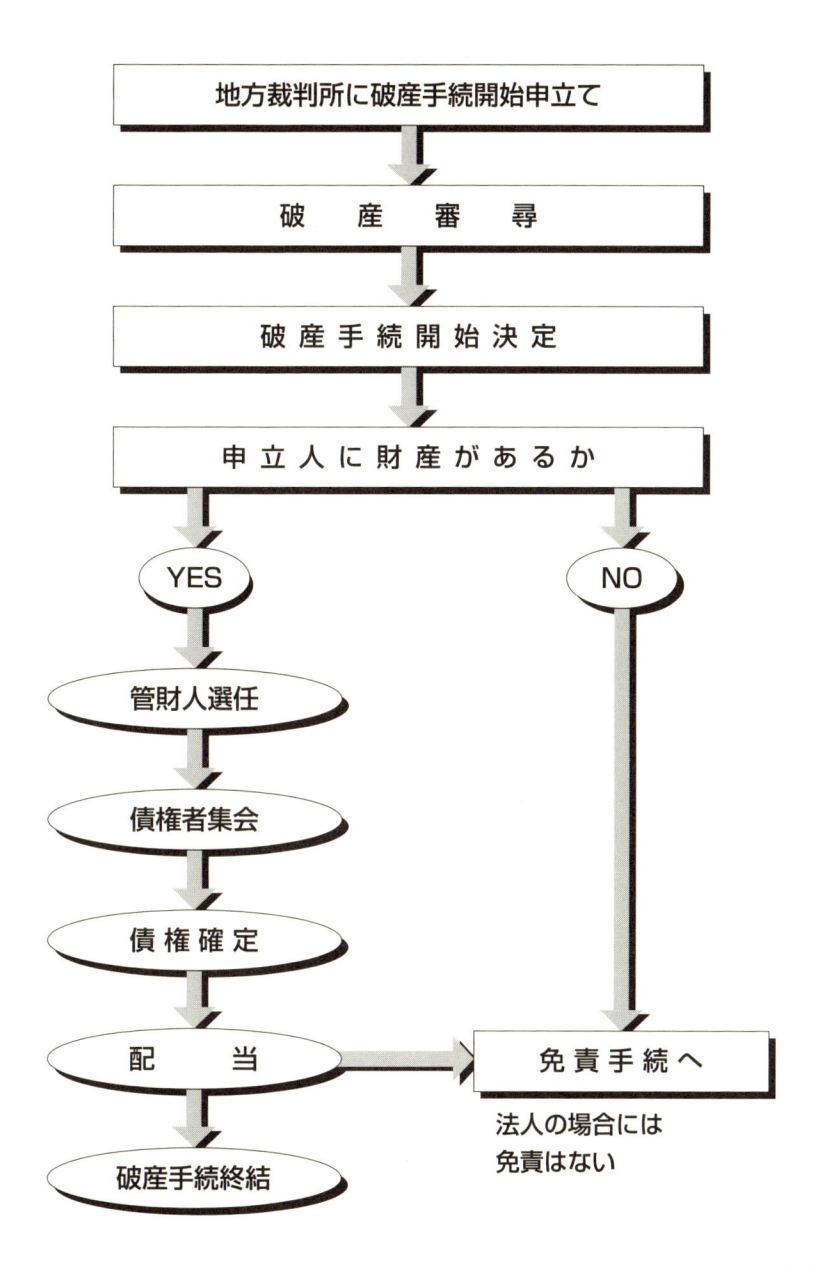

```
地方裁判所に破産手続開始申立て
          ↓
       破 産 審 尋
          ↓
     破 産 手 続 開 始 決 定
          ↓
     申 立 人 に 財 産 が あ る か
       ↓              ↓
      YES             NO
       ↓              ↓
     管財人選任          │
       ↓              │
     債権者集会          │
       ↓              │
     債権確定           │
       ↓              │
      配 当  ────→  免 責 手 続 へ
       ↓         法人の場合には
   破産手続終結      免責はない
```

第6章 自己破産のしくみと手続き

193

5 破産管財人が選任されると管財事件になる

不動産があれば原則として管財事件になる

■ 管財事件の流れはどうなっている

　住宅ローンがあるということは、不動産を持っているということですから、原則として管財事件になります。管財事件は、通常、次のような手続で進行していきます。

① 破産管財人の選任

　破産管財人は、破産手続において破産者の財産の管理・処分を行う機関です。管財人に選任されるのは、ほとんどの場合、弁護士ですが、選任は裁判所が行います。破産管財人が選任されると、破産者の財産を管理・処分する権限はすべて管財人に移ります。管財人は、破産者の財産を迅速・正確に調査して、すべての債権者に公平に分配できるように手続を進めていきます。

② 債権届出期間の決定

　裁判所は、破産手続開始決定と同時に債権届出期間を定めます。債権者は、この期間に債権を届け出ることによって、破産債権者となり、債権者集会で議決権を行使できるようになります。

③ 第1回債権者集会の期日の指定

　破産手続では、原則として、破産債権者の決議が必要とされています。債権者の意思を尊重し、公平を図るためです。そこで、財産状況などを債権者に報告する場として、第1回の債権者集会は重要な意味をもっています。原則として裁判所は破産手続開始決定と同時に第1回債権者集会の期日を指定します。

④ 債権調査期間の決定

債権調査期間の決定も破産手続開始決定と同時になされます。債権調査手続において、債権の存在や額・順位などを確定し、将来、債権者に配当するために準備がなされます。

⑤　破産財団の換価・配当

　破産者に残っている財産は破産財団という形にひとまとまりにされ、やがて売却されお金に換えられます。破産管財人は、裁判所の監督の下、破産財団に含まれる財産を現金にして、債権者に分配する準備をするのです。破産管財人は、届け出ている債権者に債権額に比例して、順次分配していきます。これを配当といいます。債権者Ａ・Ｂ・Ｃの３人がそれぞれ100万円：200万円：200万円（＝１：２：２）の債権を持っている場合に、分配できる金銭が100万円しかなかったとすると、Ａ・Ｂ・Ｃの取り分はそれぞれ20万円：40万円：40万円（＝１：２：２）となります。このようなわけ方を按分比例といいます。

　配当が終了することで、破産手続は終了します。

破産債権を確定する

　破産手続は、債権者への配当（弁済）を目的とする手続ですから、破産者に対してどれだけの債権があるのかを確定しなければなりません。その手続として、債権の届出と債権調査というものがあります。

■ 同時廃止になるか管財事件になるか

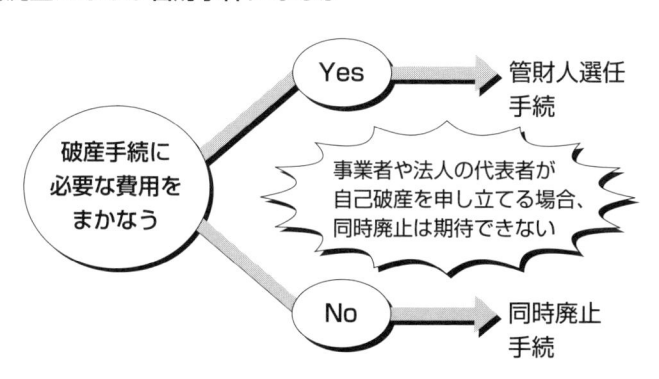

破産手続に必要な費用をまかなう
　Yes → 管財人選任手続
　No → 同時廃止手続

事業者や法人の代表者が自己破産を申し立てる場合、同時廃止は期待できない

債権者は、裁判所が指定した債権届出期間内に、自分の債権を届け出なければなりません。この期間は公告され、また、判明している債権者には通知されます。届け出られた債権については、裁判所書記官が「破産債権者表」を作成し、債権表のコピーが管財人に渡されます。

　債権を調査する期日（債権調査期日）には、届出のあった債権について、債権者の氏名・住所、債権の額および原因、優先権や別除権（抵当権など一般の債権に優先して競売などによって回収を図ることのできる権利）など注意しなければならないことはないか、などを調査します。また、管財人は、届け出られた債権の中身が真実かどうかを、調査期日までにチェックしておきます。

　こうして調査された債権は、裁判所書記官によって破産債権者表に記載されます。特に問題がなく破産債権者表が確定すれば、破産債権者表の記載は破産債権者全員の関係では、訴訟による確定判決と同一の効力をもちます。

債権者集会とは

　債権者集会とは、破産手続開始決定により、自分の債権を行使することができなくなった債権者の意見を調整し、その意思を破産手続に反映させるために設けられたものです。

　債権者集会は、裁判所が、破産管財人や債権者委員会、裁判所が把握している破産債権者の総債権について裁判所が評価した額の10分の1以上にあたる破産債権をもつ債権者などの申立てによって、あるいは裁判所の職権で招集されます。ただ、必ずしも債権者集会を開催しなければならないわけではありません。

　債権者集会には、破産者から報告を受ける権限や、破産管財人の解任請求の決議もできます。債権者集会の決議は、届出債権者だけが議決権をもち、議決権を行使できる破産債権者で出席した者の議決権の総額の2分の1を超える者の賛成があれば決議は成立します。

⑥ 破産財団の換価・配当手続きはこうなる

債権者の債権額に応じて分配される

破産財団の換価について

　破産財団に属する財産を売却して、金銭に換えるのは、債権調査が終了してから行うのが原則ですが、早急に処分しないと腐敗したり損傷したりして、著しく価額が低下してしまう物や、保管するのに不相当に高額な費用がかかるようなものについては、裁判所の許可を得て、債権者集会が開かれる前でも、直ちに換価できます。

　換価の対象となる物は、①土地・建物などの不動産、②自動車、③電話加入権、④家具・日用品などの動産、⑤有価証券などが、おもなものです。ただし、不動産は多くの場合は抵当権などの担保権が設定されていて、余剰価値がないことが多いものです。動産も売却できるものはせいぜい日用品程度ですが、これらはひとつひとつ売却するのではなく、主要な物のリストを作って、たとえば、全部で10万円などとして売却されます。しかし、中古の家具や電化製品を買う人はほとんどいませんから、結局、破産者の近親者などに買い取ってもらって、それを破産者が近親者から借りて使用するというのが一般的です。

　その他、売却しても費用を上回る余剰がでないような物は、換価に値しない財産として破産財団から除外し、破産者などの自由な処分に委ねてしまいます。

いよいよ配当

　こうして、管財人が破産財団に属する財産を換価して得た金銭は、届出債権者に順次債権額に応じて分配していきます。これを配当とい

います。配当には、それがなされる時期によって、中間配当・最後配当・追加配当などがありますが、大規模な会社の破産などでない限り最後に配当手続がなされるだけです。

　配当が終了し、破産終結決定がなされると、破産手続は終了します。しかし、これまで見てきた通り、破産手続で債権者が完全に満足するということは不可能に近いことです。破産手続を経てもなお回収できない債権は、以前として残ります。ですから、破産者が完全に借金から解放されるには、さらに免責手続をとる必要があるのです。

　なお、破産手続進行中でも、裁判所が、破産財団では破産手続費用をまかなえないと認めた場合には、破産手続の廃止決定をします。これによっても、破産手続は終了します。

■ 破産財団の換価

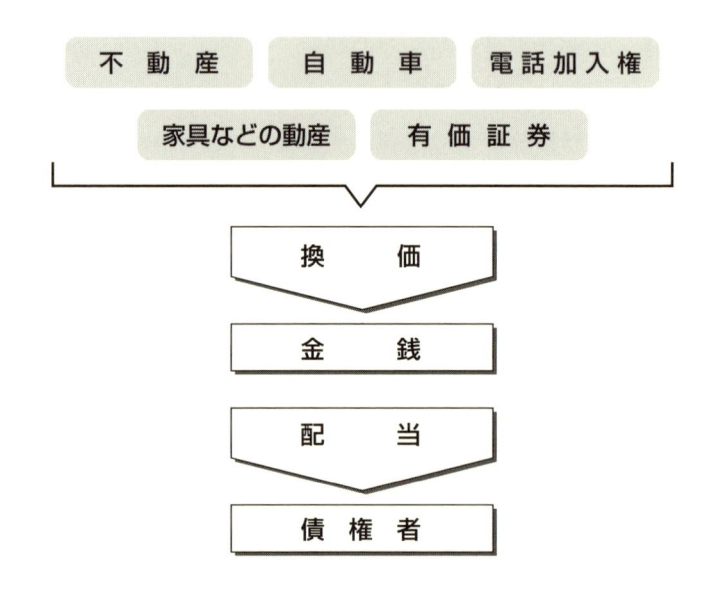

不動産　自動車　電話加入権
家具などの動産　有価証券
↓
換　価
↓
金　銭
↓
配　当
↓
債　権　者

7 免責手続について知っておこう

免責不許可事由があると免責されない

免責の申立て

　個人の自己破産の場合は、破産手続開始の申立てにより免責申立てをしたものとみなされます（破産の申立ての際に免責申立てをしない旨の申述をした場合を除く）。つまり、破産手続開始の申立てとは別に免責の申立てをしなくても、破産手続開始の申立ての際に、免責の申立ても同時にしたことになります。債務者が破産の申立時に債権者一覧表を提示すれば、免責手続で債権者名簿を再び提出する必要はありません。

　裁判所は、必要に応じて破産管財人・破産債権者に対して免責についての意見申述を行わせます。破産管財人や破産債権者は、免責の当否について裁判所に意見を述べる機会を与えられるわけです。

　また、裁判所・破産管財人による免責についての調査もあります。この調査は必ず行われるものではありません。調査が行われた場合、破産者は調査に対する協力義務を負います。

　裁判所によっては運用により審尋の期日を開く場合がありますので、免責の申立てをする裁判所に確認してみてください。

免責が決定されるとどうなる

　免責の決定は、免責決定が官報に掲載され、掲載された日の翌日から2週間以内または免責決定が送達され、これが破産者や債権者などに到達した日の翌日から1週間以内に、即時抗告がなされないことによって確定します。即時抗告とは、裁判の日から一定の期間内に提起

することとされている上級裁判所への不服申立制度です。免責の決定は免責の確定により効力が生じます。

　免責の決定が確定すると、一定の免責されない債権（右図）を除き、債務の支払いを免れることができます。なお、免責の決定が確定したことについての官報による公告などはありません。

　免責の確定により、破産者は、一部の債務を除き、破産債権者に対する債務の支払義務がなくなります。また、復権して破産者ではなくなり、公法上または私法上の資格制限（一定の職業・資格などに就けなくなること）から解放されます。

　一度免責を受けると、原則として以後 7 年間は免責を受けられません。

免責手続き中の強制執行は禁止されている

　強制執行とは、国家機関が権利者の権利内容を強制的に実現してくれる手続きです。たとえば、貸金の返還請求訴訟に勝訴した原告（債権者）が強制執行する場合には判決に基づいて裁判所や執行官などの執行機関が被告（債務者）の財産を差し押さえ、競売にかけてお金に換え、それを原告に渡すしくみになります。

　強制執行する場合には、まず、強制執行の根拠となる債務名義と呼ばれるものを手に入れなければなりません。債務名義の代表的な例は訴訟による判決です。その他にも、仮執行宣言つきの支払督促（簡易裁判所の裁判所書記官が債務者に支払いを命じる行為）や執行認諾文言つきの公正証書（公証人の作成した文書で債務者が強制執行に服する旨を記載したもの）などが債務名義となります。

　債権者が、①支払請求の訴訟を起こし、判決を得た場合や、②支払督促を申し立てて仮執行宣言がつけられた場合、③執行認諾文言のある公正証書を作成しているような場合には、債務名義に基づき、債権者が債務者の給料等を差し押さえてくる場合があります。

給料等については、所得税や社会保険料などを控除した後の金額の4分の3については差押えが法律上禁止されています。ただ、所得税や保険料等の控除後の金額が44万円を超える場合は、一律に33万円について差押えが禁止されるだけで、残りはすべて差し押えの対象となります。たとえば控除後の金額が50万円あれば、債務者に33万円を残して17万円を差し押さえることができます。

　なお、免責許可の申立てがあり、破産手続が同時廃止となった場合、免責が確定するまでの間、新たに破産者の財産を差し押さえることはできません。

■ 免責されない債権

1	税金
2	破産者が悪意をもって行った不法行為に基づく損害賠償請求権
3	破産者が故意または重大な過失により人の生命・身体を侵害した場合の不法行為に基づく損害賠償請求権

※2に該当するものを除く

| 4 | 夫婦、親子など親族間の義務に関する債権 |

※夫婦間の協力・扶助義務、婚姻費用分担義務、子の監護義務、直系血族・兄弟姉妹の扶養義務などとこれらの義務に類する義務であって、契約に基づくもの

| 5 | 雇用関係に基づいて生じた従業員の請求権（給与等）および預かり金の返還請求権 |
| 6 | 破産者がわかっていて債権者一覧表に記載しなかった請求権 |

※債権者が破産の決定があったことを知っていた場合を除く

| 7 | 罰金など |

8 オーバーローンの場合には同時廃止になることもある

同時廃止事件として扱う裁判所もある

■ 不動産があっても管財事件にはならない

　破産・免責手続の申立人に自宅などの不動産がある場合には、原則として管財事件になるはずです。しかし、管財事件になれば、最低でも30万円～50万円程度の予納金がかかります。

　しかし、破産・免責手続の申立てをする人の住宅ローンの残額は、相当な額であることも多いでしょう。また、不動産価格は依然として下落傾向にあり、破産・免責手続申立時の不動産の時価または評価額が、購入時に較べて数十パーセント減、場合によっては2分の1、3分の1にまで下がっていることもあるでしょう。たとえば、時価1000万円程度の不動産に設定された抵当権の債務額（残額）が、2000万円～3000万円ということも少なくありません。

　このような状態を**担保割れ**または**オーバーローン**といいます。こうした状態では、抵当権者である金融機関が抵当権を実行（競売など）したとしても、回収できない額が相当な金額になります。これでは、管財事件にしたとしても意味がありません。

　そこで、多くの裁判所では、個人が破産・免責手続を申し立てる場合、申立人が不動産を所有している場合でも、その不動産によって担保される債務の総額が、その担保不動産の申立時の価値の一定倍数以上であれば、管財事件とはせず、原則として、最初から同時廃止事件とする取扱いをしています（あくまでもその他に管財事件となるほどの財産がない場合）。これにより、不動産を所有している人でも、たとえば自分で破産・免責手続の申立てをすれば、予納金、印紙代、切手

代を含め1万数千円で自己破産できる可能性があります。

基準は裁判所によって異なる

　不動産によって担保される債務の総額が、不動産の価格の何倍以上であれば、原則として同時廃止事件にするのかは裁判所によって異なります。また、不動産の価格の根拠を何にするかも裁判所によって異なります。

　たとえば、ある裁判所では、不動産の査定価格の1.5倍以上の債務額があれば同時廃止事件にし、また別の裁判所では、固定資産評価額の1.5倍以上あれば同時廃止事件にし、あるいは別の裁判所では、固定資産評価額の1.3倍を超える債務額があれば同時廃止事件にする、といった具合です。

　また、固定資産評価額でオーバーローンであるか否かを判断する方式の場合、固定資産評価額が意外に高く、オーバーローンとはならないことがあります。このような場合、不動産業者に査定してもらい、それを基準として債務額がその裁判所の基準以上であればオーバー

■ オーバーローンのしくみ

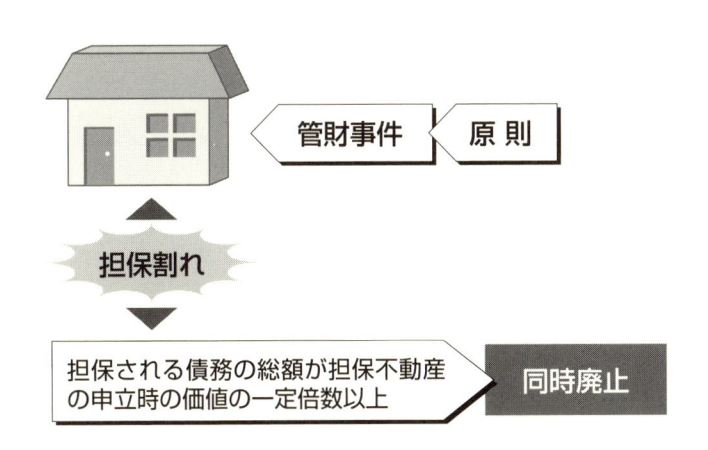

　　　　　　　　　　　　　管財事件　◁　原　則

　　　　　　　担保割れ

　担保される債務の総額が担保不動産　　同時廃止
　の申立時の価値の一定倍数以上

ローンとする扱いのところもあります。

　このように基準は裁判所によって異なりますので、不動産を所有している人が破産・免責手続の申立てを考えている場合、管轄裁判所によく確認する必要があります。

　なお、その裁判所の基準を満たしていれば、財産の点では同時廃止事件となるはずですが、その他の理由、たとえば借金の原因に浪費・ギャンブルが多い、といった理由で管財事件となる場合がありますので、注意が必要です。

自宅はどうなる

　自宅がオーバーローンになっている人が、破産・免責手続申立てをし、同時廃止事件となった場合、自宅はどうなるのでしょうか。結論からいえば、少なくともある一定期間は自宅に住み続けられることが少なくない、といえます。

　破産・免責手続申立て時に、金融機関（または保証会社）が競売を申し立てていることもあるでしょう。また破産・免責手続申立て後に競売の申立てをすることもあるでしょう。

　しかし、昨今のような経済状況では、競売の申立てをしたとしても、買受人が決まって買受人に所有権が移るまで、少なくとも半年から１年程度、場合によってはそれ以上の時間がかかる可能性があります。それまでの間は、通常、住み続けたいと思えば住み続けることができます。また、競売を申し立てたり、任意売却（裁判所を通さないで売却する方法。49ページ）を試みても買い手がなかなかつかず、実質的にずっと住み続けられる可能性もありますし、売りに出しても買い手がつく見通しがない、あるいは売れたとしてもきわめて低い価格でしか売れない、というような場合には担保権者が競売（44ページ）や任意売却（49ページ）での回収をあきらめ、そのまま住み続けられる可能性もあります。

❾ 添付書類をそろえる

もれがないようにする

■ 申立ての際の添付書類

　自己破産の申立てをするには、破産申立書（251ページ）を管轄の地方裁判所に提出するわけですが、その他にさまざまな添付書類が必要になります。おおよそどんなものが必要か見ておきましょう。

■ 住民票や戸籍謄本のとり方

・戸籍謄本
　世帯全員の記載がある謄本が必要で、これも発行して3か月以内のものです。本籍地の市区町村役場に交付を請求します。

・住民票
　家族全員の記載があって、世帯主・続柄・本籍地などが省略されていないものです。発行して3か月以内のものが必要です。

■ 添付書類の中で特に重要なもの

・陳述書（216ページ）
　どのようにして自己破産の申立てをする状態に至ったのか、その事情や生活の状況、現在の財産状態などについて記載します。裁判所が、債務者の支払不能の状態を詳細に把握するために必要な書面で、自己破産の申立てでは重要なポイントになる書類です。どう書くのか、とくに書き方が決まっているわけではありません。裁判所に書式が用意されている場合でも、それぞれの裁判所によって若干異なっています。

・「債権者一覧表」あるいは「債権者名簿」（226ページ）

いつ・だれに・どれだけ借りたのか、おもにどんなことに使ったのか、現在どれだけ残っているのか、などを記載する書類です。

- **「資産目録」**または**「財産目録」**（227ページ）

　破産申立て時現在で残っている資産などについて記載します。不動産の有無・その価格、残っている現金や預・貯金の額、生命保険や火災保険などの各種保険の有無と解約返戻金の額、退職金の見込み額や貸付金や売掛金、手形・小切手・ゴルフの会員権などの有価証券、その他売却して換価できそうな動産など、ありとあらゆる資産状況について記載します。

　資産目録は、後に免責の可否を決定する場合の、重要な資料となります。記載もれがあったり、ウソの記載をすると、免責が認められないこともあります。正直に、正確に書くことが大切です。

　なお、資産によっては、登記事項証明書や通帳、契約書、借用書などの資産の根拠となる書類や、資産を証明する書類のコピーが必要になります。

- **「家計全体の状況」**あるいは**「家計表」**（233ページ）

　申立て直前の2か月分の家計全体の状況について記載します。給与や賞与、年金や各種公的扶助の額、自営の場合の自営収入や、家賃・地代・食費・水道光熱費などの生活費、借金の返済額など、破産申立時の生活の状況がわかるような事項を記載します。

　なお、家計全体の状況は、申立て直前の2か月分を提出することになりますが、裁判所によっては3か月分の提出を求めるところもあるので、申立て前に、裁判所に問い合わせておきましょう。

⑩ 破産手続開始・免責許可申立書の書き方

必要事項をもれなく記載すること

■ 破産申立書を書いてみる

それではまず、破産手続開始・免責許可申立書（215ページ）を作成しましょう。

記載事項は、①申立人の住所・氏名・生年月日・本籍・現住所などの申立人に関する事項と、②申立の趣旨・理由、がおもなものです。

破産・免責申立書の書式は、各地方裁判所によって少し異なります。

なお、申立書や陳述書などの申立のための書類をセットにした定型書式が裁判所に用意されています。ただし、裁判所によっては、破産手続に関する講習を受けた人にのみ定型書式を配付するといった取扱いをしているところなどもありますので、電話などで裁判所に確認することをおすすめします。

■ 申立の趣旨・理由

申立の趣旨には、「申立人について破産手続を開始する」旨の記載をします。なお、破産申立書と免責申立書はひとつの書式にまとめられています。

申立ての理由には、添付の債権者一覧表のとおりの債務を負担していますが、「支払うことができません」という趣旨の記述をします。

■ 印紙代・切手代・予納金は最低必要

自己破産の申立てには費用として、印紙額・予納郵券（切手）・予納金が必要になります（次ページ）。

少額管財とは

　少額管財の対象は、自己破産で、最低予納金の50万円すら納付することが難しい状況にあり、不動産を所有しているなど管財人による調査が必要と判断される場合など、破産管財人を選任する必要がある事件です。予納金も20万円と安く、3か月から半年以内には終了します。ただ、少額管財の申立ては、必ず弁護士でなければならず、個人が申し立てることができません。なお、少額管財は東京地方裁判所など一部の裁判所でしか利用されていません。

■ 自己破産の申立てに必要な手数料（東京地方裁判所のケース）

	自己破産申立費用	
	管財事件	同時廃止
収入印紙	1500円	1500円
予納郵券	14100円 （少額管財の場合は4000円）	4000円
予納金	借金額5000万円未満の個人の場合　50万円 （下の図表参照） 少額管財は20万円	1万5000円（即日面接事件の場合は1万290円）

■ 破産管財人が選任される場合の予納金の額（東京地方裁判所のケース）

借金総額　円	法人	個人
5000万未満	70万円	50万円
5000万～　1億未満	100万円	80万円
1億～　5億未満	200万円	150万円

〈以下略〉

⑪ 陳述書の書き方

簡易明瞭に書くこと

■ 陳述書は最初の関門

多くの裁判所では、申立人の現在の状況を詳細に把握するために、申立人本人が書いた陳述書（216ページ）の提出を求めています。陳述書は、破産手続開始決定をするかどうかを裁判所が決定する際の重要な資料になります。

■ 陳述書の記載事項

陳述書には、申立人の氏名押印の他に、①経歴等、②破産申立てに至った事情、③これまでの生活状況等、④債権者との状況等、を記入します。なお、裁判所から入手した書式に記入する場合で、記載内容が多く記入欄が足りなくなったら、同じ大きさの用紙に書いて、陳述書の直後に付け足します。

■ 具体的な記載事項

① 経歴等

過去10年前から現在にいたる経歴を古い順に書いていきます。就職していた場合には勤務先の会社名を記入します。勤務先にはアルバイトも含みます。数日間程度のごく短期のアルバイトについては、記入漏れがあっても、あまり影響はないようですが、極力正確に書きましょう。

次に現在の仕事について記入します。

無職か自営か勤めているのか、勤務先名や給料・ボーナスの額など

を書きます。勤めている場合には、直近2か月分の給与明細書のコピーや源泉徴収票または課税証明書のコピーの提出が必要です。

また、申立人が、自営の場合は過去2年分の所得税の確定申告書のコピーを、会社の代表者の場合は過去2年分の事業年度分の確定申告書および決算報告書のコピーを提出します。

なお、給与明細書のコピー、所得税の確定申告書のコピーなどを提出する場合、何か月分、何年分のものを提出するのかは、裁判所により異なります。また、事業年数が何年以内かも同様です。さらに、自営業者、会社代表者の場合に提出する書類の種類も裁判所によって異なります。そのため、添付書類の提出にあたっては、申請書の提出前に、裁判所に問い合わせをしたほうがよいでしょう。

その他、年金などの公的扶助を受けているかどうか、家族や同居人の状況、結婚や離婚歴、現在の住居の状況などを記載します。

② **破産申立に至った事情（債務の発生と増加の原因）**

多額の借金をした理由を記載します。住宅ローンが原因であれば、住宅ローンの対象となる物件情報、購入時期、購入金額、月々の返済額を記載した上で、住宅ローンが支払えなくなった具体的な事情を記載します。

③ **これまでの生活状況等**

過去において、スナックに行ったり、ギャンブルや投機などを行っていたかどうかを記載します。隠しておきたいと思ってしまうような事項もありますが、ここで逃げ出してはいけません。これまでの自分の生活状況に正面から向き合いましょう。

④ **債権者との状況等**

これまで債権者と借金の支払いについて話し合いをしたことがあるのか、訴訟や差押えを受けていたりするのかについて記載します。

⑫ 債権者一覧表の書き方

あらゆる負債について記載する

■ 債権者一覧表は第2の関門

　債権者一覧表（226ページ）は、申立人の負債の状態を把握するための重要な書類です。

　最初に借入れをした日を基準にして、借入れや購入年月日の古いものから順に書いていきます。銀行や貸金業者からの借入れだけではなく、勤務先からの借入れ、家賃の滞納分、生命保険会社からの契約者貸付、親族からの借入れなども忘れずに記入する必要があります。とにかく、ありとあらゆる負債について記入するわけです。同じ債権者から何回も借り入れている場合には、初めて借り入れた時期に、金額・使い道などをまとめて記入します。債権者が多数いて、一枚の用紙では足りなくなりそうだったら、あらかじめ用紙をコピーしておきましょう。債権者名や債権者の住所は、破産手続開始決定を受けた後、裁判所から郵便で通知を送るのに必要です。

■ 債権者一覧表は免責のときに影響してくる

　ここで債権者や負債の記載もれがあったり、ウソの記述があったりすると、たとえ破産手続開始決定が受けられたとしても、後々厄介なことになります。ここに記載されなかった債権は、後に免責を受けても免責の対象にはなりません。せっかく苦労して、自己破産しても、再び債権者から取立てを受けることになりますし、何よりも、一度免責を受ければその後7年間は免責を受けられませんから、その借金からはもう逃れる術はありません。包み隠さず正直に書きましょう。

13 資産目録の書き方

事業内容についての記載や確定申告のコピーが必要になる

■ 資産目録は第3の関門

「資産目録」あるいは「財産目録」とよばれる書類は、同時廃止になるのか、管財事件になるのかを決めるポイントになります。これらの書類に、ウソの記述があったり、不備があったりすると、あとで免責が認められないこともありますので注意してください。破産手続開始決定の申立では、陳述書にならぶ重要なポイントです。

■ 資産目録に記載すること

資産目録（227ページ）におもに記載すべきことは、破産申立時に、申立人が持っている資産の状況です。ひとつひとつ本当のことを正確に記入していきましょう。

申立人が事業者などでない個人の場合には、売掛金や事業設備などはないでしょうが、それ以外は、事業者でも個人でも、記入する事項には大きな違いはありません。ひとつひとつの項目に、証明書や謄本などの添付書類が必要かどうかの指示がありますから、それらのチェックも大切です。

預・貯金については、残額がゼロ円でも通帳のコピーが必要です。また、保険については、失効しているものがあったら、保険会社に失効している旨の証明書を作成してもらう必要があります。土地・建物などの不動産については、不動産の所在地だけでなく、不動産についての税金や設定されている抵当権なども記載しなければなりません。また、登記事項証明書や固定資産評価書なども提出します。

14 家計全体の状況の書き方

給与明細や預金通帳で確認しておく

■ 申立直前の生活状況

　家計全体の状況（233ページ）については、2か月分の状況を提出します（なお、この2か月分というのは、裁判所によって異なりますので、提出にあたっては裁判所に問い合わせてください）。

　厳しい取り立てに合うなど、神経をすり減らしている状況のもとでは、2か月前のことといっても、ハッキリ思い出せるか不安になる人もいると思いますが、それほど神経質になる必要はありません。

　毎月の収入は、給与明細や預金通帳さえあれば確認できますし、年金や生活保護の受給金額については、役所の担当部署へ行けばわかることです。

　支出についても、地代・家賃・公共料金などは、領収書があるでしょうから正確な金額が簡単にわかるでしょう。食費やその他の生活費についても、正確に家計簿などにつけていればよいのですが、そうでなければわかる範囲で書くことになります。

　なお、申立人の収入・支出だけではなく、親や配偶者などで同居している人の収入・支出についてもあわせて書く必要があります。誰の収入でどのように暮らしているのかもわかるように書きます。

15 申立関係書類の出し方を知っておこう

提出する書類を忘れないようにチェックする

■ 「関係書類」が全部そろったら

　自己破産申立てについての関係書類の準備が全部できたのなら、必要な書類や各種のコピーなど、用意できていないものはないか、ひとつひとつ入念にチェックしましょう。

　繰り返しますが、大切なことは事実を正直に正確に記載するということです。ついついこれは記載しなくていいやとか、あのことは隠しておこうなどという気持ちにもなりかねませんが、決して「弱い心」に負けないことです。自己破産をして再起しようと誓ったときの決意を思い出して、正直に自分の現状を見つめ直しましょう。また、裁判所に提出する書類は公文書でもありますから、破産手続開始決定が受けられないとか、免責が許可されないということの他に、場合によっては刑罰を受けるおそれもありますから要注意です。

■ 提出前にもう一度確認を

　添付書類や予納郵券（切手）・収入印紙など、必要なものをあらかじめすべてそろえておきます。予納金ももちろんです。

　裁判所は、予納金が納められ、必要な書類がそろったときに、裁判官が直接申立人から事情を聞く審尋期日を決定します。くれぐれもミスのないようにしましょう。

　また、予納金は直接裁判所に納める方法の他に、銀行振込も利用できる場合があります。申し立てる裁判所で問い合わせてみてください。

破産手続開始・免責許可申立書

```
        破産手続開始・免責許可申立書        収入印紙 ¥1500
              （本人申立用）               消印しない

   ○○地方裁判所　御中

                               平成　　年　　月　　日
   本　籍      ○○県○○市○○町○○丁目○番
   住民票上の住所  〒○○○-○○○○ ○○県○○市○○町○○丁目○番○号
   現居所（送達場所）〒○○○-○○○○ ○○県○○市○○町○○丁目○番○号
            （ふりがな）
                      にしおか　よしお
            申立人（債務者）  西岡　義男            印
            連絡先電話番号   ○○○（○○○○）○○○○
            職業（勤務先）   会社員
            生年月日 ：明・大・㊋・平  36 年 8 月 9 日生（ 47 歳）
                    申　立　て　の　趣　旨
   1  申立人について，破産手続を開始する。
   2  本件破産手続は，これを廃止する。
   3  申立人（破産者）について，免責を許可する。
      との裁判を求める。
                    申　立　て　の　理　由
   1  申立人には，添付した債権者一覧表のとおり債権者（    5  人）に対し，
      合計    3872 万        円の支払うべき債務があります。
   2  申立人の資産及び収入状況は，添付した資産目録及び陳述書記載のとおりであ
      り，破産原因のあることは明らかであると思われます。また，破産財団を構成す
      べき財産がほとんどなく，破産手続の費用を償うに足りないことが明らかである
      と思われます。よって，本件破産手続開始及び破産廃止の決定並びに免責許可決
      定を求めます。
```

裁判所使用欄	
	貼用印紙　1500円
	添付郵券　　　円
	備考
	係印

第6章　自己破産のしくみと手続き

陳述書

該当する部分を○で囲み，□をチェックし，必要事項を記入してください。
書く欄が不足した場合には，Ａ４判の用紙に横書きで記入して，後ろに添付してください（その場合は，各項目欄下の「□補充あり」にチェックをしてください。）。また，**指示された必要資料のコピーも一緒に提出してください。必要資料が重複する場合は１通で構いません。**

陳 述 書

平成 ○○年 ○月 ○日

申立人（債務者）　　　西岡 義男　　　㊞

第1　経歴等

1　現在の職業及び過去１０年間の職歴

就 業 期 間	就 業 形 態	
就業先（会社名など）	地位・仕事の内容	平均月収
平成○○年 ○月～ 現在 ○○株式会社	□自営 ☑勤め □パート・アルバイト □無職 営業部長 ボーナス：支給月　　　　　月 支給額　　　　万　　　　円	30万 円
年　月～　年　月	□自営 □勤め □パート・アルバイト □無職	円
年　月～　年　月	□自営 □勤め □パート・アルバイト □無職	円
年　月～　年　月	□自営 □勤め □パート・アルバイト □無職	円
年　月～　年　月	□自営 □勤め □パート・アルバイト □無職	円
年　月～　年　月	□自営 □勤め □パート・アルバイト □無職	円

＊　<u>最近２か月分の給与明細書のコピーを提出してください。</u>　　□ 用意した
＊　<u>最新の源泉徴収票のコピーを提出してください。</u>　　☑ 用意した
＊　<u>源泉徴収票が提出できない又は無職（アルバイトを含む）の場合は，市役所等で発行する最新の課税（非課税）証明書を提出してください。</u>
　　　　　　　　　　　　　　　　　　　　　　　　　　　□ 用意した

* 現在の職業が，自営の場合は，過去2年分の所得税確定申告書のコピーを，会社代表者の場合は，商業登記事項証明書，過去2年の事業年度分の確定申告書及び決算報告書のコピーを，それぞれ提出してください。　□ 用意した

2　公的扶助（生活保護・各種扶助・年金など）の受給　【 有 ・ ㊇ 】

種　類	金　額	開 始 時 期	受給者の名前
	円/月	昭・平　年　月　日	
	円/月	昭・平　年　月　日	
	円/月	昭・平　年　月　日	
	円/月	昭・平　年　月　日	

* 受給証明書のコピーを提出してください。　□ 用意した

3　家族，同居人の状況

氏　　名	続柄	年齢	居の有無	職　業	月　収
西岡　静子	㊉・夫	42	㊇・別	主婦	5万　円
拓馬	子	16	㊇・別	高校生	0万　円
和馬	子	15	㊇・別	高校生	0万　円
	子		同・別		万　円
	父		同・別		万　円
	母		同・別		万　円
			同・別		万　円
			同・別		万　円

4　親族（配偶者を含む）の援助を，　【 ㊤けられる ・ 受けられない 】

* 援助を受けられない人は，その理由を書いてください。

　　　　　　　　　　　　　　　　　　　　　　　　　　　　　　　
　　　　　　　　　　　　　　　　　　　　　　　　　　　　　　　

5　結婚・離婚歴

　昭和・平成　　　年　　　月　結婚：相手の氏名　　　　　　　　　　
　昭和・平成　　　年　　　月　離婚

-2-

第6章　自己破産のしくみと手続き

昭和・平成　　　年　　　月　結婚：相手の氏名 ------------------
　　　昭和・平成　　　年　　　月　離婚
　　　　　　　　　　　　　　　　　　　　　　□　補充あり
　　＊　離婚経験のある人で，財産分与をしたことがあれば記入してください。
　　　相手の氏名 ------------　対象物 ------------　金額 ------------
　　　相手の氏名 ------------　対象物 ------------　金額 ------------
　　　　　　　　　　　　　　　　　　　　　　□　補充あり
　　＊　**財産分与の対象物が不動産の場合には，登記事項証明書，を提出してください。**
　　　　　　　　　　　　　　　　　　　　　　□　用意した

　6　現在の住居の状況（該当番号を○で囲んでください。）
　　　ア　借家・賃貸マンション・アパート　　イ　社宅・寮
　　　ウ　公営・公団の賃貸住宅　　　　　　　㋔　自己所有の家屋・マンション
　　　オ　親族所有の家屋・マンション　　カ　友人・知人所有の家屋・マンション
　　　キ　その他 --

　□　家賃を払っている人（前記ア，イ，ウに該当する人）
　　　①　1か月の家賃（管理費込み）：_____万_____円
　　　②　賃借人氏名（申立人以外の人が契約している場合）：
　　　　　　　　　_____（申立人との関係 _____）
　　　③　入居日：昭和・平成 _____ 年 _____ 月頃
　　＊　**賃貸借契約書，住宅使用許可書のコピー，社宅・寮の場合はそれぞれを証する客観的資料を提出してください。**　□　用意した

　□　前記エ，オ，カに該当する人
　　　①　入居日：昭和・㋺ 　10　年　 4　月頃
　　　②　申立人以外が所有の場合：所有者名 ------------------
　　　　　　　　　　　申立人との関係 ------------
　　＊　**オ，カに該当する人は，所有者作成の居住証明書（申立人がその家屋に住んでいることを証明する内容の書面）を提出してください。**　☑　用意した

- 3 -

第2 破産申立に至った事情（債務の発生と増加の原因）
1　多額の借金をした理由は，次のとおりです。
　＊　次の①〜⑦の中から，あてはまるもの（複数に当てはまる場合はそのすべて）を選んで記入し，⑧にそれぞれの具体的事情を書いてください。

☑　①　生活費が足りなかったためです。
　　　　当時の職業，収入（月収）及び生活費が足りなくなった具体的な事情を，⑧に書いてください。

☐　②　飲食，飲酒，旅行，趣味としての商品購入（絵画，パソコン，洋服，健康器具等），ギャンブル，風俗などにお金を使いすぎたためです。
　　　　具体的な事情（いつ頃，何に，いくら使ったか，購入した商品，動機など）を，⑧に書いてください。

☐　③　事業（店）の経営に失敗したためです。
　　　ア　事業形態：☐　法人（会社名：　　　　　　　　　　　　　　）
　　　　　　　　　　☐　自営（店名・屋号：　　　　　　　　　　　　）
　　　イ　業種・事業内容：＿＿＿＿＿＿＿＿＿＿＿＿＿＿＿＿＿＿＿＿＿
　　　ウ　経営時期：昭・平　　年　　月から昭・平　　年　　月／☐現在
　　　エ　事業資金としてつぎ込んだ金額：合計＿＿＿＿＿＿＿＿＿＿＿＿円
　　　オ　経営に失敗した理由，その会社（店）は現在どうなっているかなどを，⑧に書いてください。

☐　④　仕事上の接待費の立替払い，契約金の立替払い，営業の穴埋め等による借金が，支払えなくなったためです。
　　　ア　当時の職業：＿＿＿＿＿＿＿＿＿＿＿　月収：＿＿＿＿＿＿＿＿円
　　　イ　具体的な事情（仕事上の借金の内容，額，その理由など）を，⑧に書いてください。

☑　⑤　住宅ローンが払えなくなったためです。
　　　イ　購入物件：☐土地　☑建物　☐マンション　☐その他＿＿＿＿＿＿
　　　ウ　購入時期：昭和・㊉成　10　年　4　月
　　　エ　購入金額：合計＿＿＿＿50,000,000＿＿＿円

- 4 -

オ　月々の返済額：＿＿＿＿124,000＿円
　　　カ　住宅ローンが支払えなくなった具体的な事情を，⑧に書いてください。
　　＊　当該不動産の登記事項証明書を提出してください。

□　⑥　他人（会社）の借金を保証したためです。

主たる債務者	関　係	保証した時期	保証金額	現在残高
		昭・平　　年　　月	円	円
		昭・平　　年　　月	円	円
		昭・平　　年　　月	円	円
		昭・平　　年　　月	円	円
		昭・平　　年　　月	円	円

　　　　　　　　　　　　　　　　　　　　　　　□　補充あり

　　保証することになった具体的な事情，支払えなくなった事情を，⑧に書いてください。

□　⑦　その他の事情

　　　①から⑥に当てはまらない理由がある場合は，その具体的な事情を⑧に記載してください。

⑧　それぞれの具体的な事情は，次のとおりです。
　＊　冒頭に，各対応番号（①〜⑦）を記載して，各番号ごとに具体的な事情・時期・経緯等を記載してください。

①　生活費が不足した具体的事情
　不況のため、勤め先の会社の経営が困難になり、リストラの対象となりました。会社との交渉の結果、リストラは避けることができましたが、子会社へ出向することになりました。そのため、急激に給料が下がり、住宅ローンの支払いが難しくなったため、消費者金融から借金をするようになりました。

⑤　住宅ローンが払えなくなった具体的事情
　子会社へ出向したため給料が下がり、住宅ローンの支払いが困難になりました。そのため、消費者金融から借金をしましたが、間に合わず、破産を申し立てることになりました。

☐　補充あり

2 ①借金を全額は返済できないと思い始めた時期：昭・㊣　20 年　12 月頃
　②その理由：□利息が増えて支払うべき額が収入を超えるようになった。
　　　　　　　☑勤務先を解雇された，給料が減額された
　　　　　　　□借金の申込を断られた
　　　　　　　□その他
　③それ以降に借金をしたり，クレジットカードを使ったことが
　　　　　　　　　　　　　　　　　　　　　【　ある・㊉ 】
　　＊ある人は，借り入れたりクレジットカードを使用した時期，借入先，金額及びその理由を書いてください。

　④借金の返済が困難になってから，一部の債権者に支払ったことが
　　　　　　　　　　　　　　　　　　　　　【　ある・㊉ 】

債権者名	支払金額	時　期
	円	昭・平　　年　　月
	円	昭・平　　年　　月
	円	昭・平　　年　　月
	円	昭・平　　年　　月

3　今回の破産申立てにあたって
　①　申立費用の調達方法
　　　□ 自分の給料　□ 年金等　☑ ＿＿友人＿＿からの援助
　　　□ ＿＿＿＿＿からの借入　□ その他＿＿＿＿＿＿＿＿
　②　本件申立てについて，誰かに相談したことが　【 ある・㊉ 】
　　　□ 弁護士　□ 司法書士　□ 親族・友人
　　　□ その他
　③　相談した相手方の意見・アドバイス等

第3 これまでの生活状況等
 1 過去5年間に，バー，クラブ，スナックなどに行ったことが
　　　　　　　　　　　　　　　　　　　　　　【　ある・(ない)　】
　①どんなところに行っていたか _____
　②行っていた時期：平 _____ 年 _____ 月頃 ～ 平 _____ 年 _____ 月頃まで
　③行った回数：平均すると1か月に _____ 回くらい
　④使った金額：　合　計　　 _____ 円くらい
　　　　　　　平均すると1か月に _____ 円くらい

 2 過去5年間に，ギャンブル（□パチンコ，□競馬・競輪，□その他 _____
　　_____）をしたことが　　　　　　　　　【　ある・(ない)　】
　①していた時期：平 _____ 年 _____ 月頃 ～ 平 _____ 年 _____ 月頃まで
　②していた回数：平均すると1か月に _____ 回くらい
　④使った金額：　合　計　　 _____ 円くらい
　　　　　　　平均すると1か月に _____ 円くらい

 3 これまでに，投資・投機（□株式，□マンション，□先物取引，□その他
　　_____）をしたことが　　　　　　【　ある・(ない)　】
　①していた時期：昭・平 _____ 年 _____ 月頃～昭・平 _____ 年 _____ 月頃まで
　②していた回数：平均すると1か月に _____ 回くらい
　③使った金額：　合　計　　 _____ 円くらい

 4 過去5年間に旅行に行ったことが　　　　　　【　ある・(ない)　】

行き先	目　的	時　期	費　用
		平成　年　月頃	円
		平成　年　月頃	円
		平成　年　月頃	円
		平成　年　月頃	円

　　　　　　　　　　　　　　　　　　　　　□　補充あり

- 8 -

5 過去5年間に10万円以上の物を買ったことが　　【 ある・(ない) 】

品　名	価　格	時　期	今，どこにあるか
	円	平成　　年　　月頃	
	円	平成　　年　　月頃	
	円	平成　　年　　月頃	
	円	平成　　年　　月頃	

□　補充あり

6 過去5年間に，カードで買った商品をすぐにお金に換えたことが

【 ある・(ない) 】

品　名	購入価格	購入（換金）時期	換金で得た金額
	円	平成　　年　　月頃	円
	円	平成　　年　　月頃	円
	円	平成　　年　　月頃	円
	円	平成　　年　　月頃	円

□　補充あり

7 これまでに，他人の名前を無断で使ったり，生年月日，住所，借金額などでうそをついて借入をしたことが　　【 ある・(ない) 】

借　入　先	金　額	時　期
	円	昭・平　　年　　月頃
	円	昭・平　　年　　月頃
	円	昭・平　　年　　月頃
	円	昭・平　　年　　月頃

□　補充あり

6，7について，そのときの具体的な事情は，次のとおりです。

□　補充あり

第4 債権者との状況等
1 債権者と借金の支払方法について話合いをしたことが 【 ある・(ない) 】
　　□ 弁護士に頼んで交渉してもらった。
　　□ その他 _____
　　その結果，話合いが成立した債権者数：　　　　　社（人）
　　支払った期間：昭・平____年____月頃～昭・平____年____月頃まで
　　毎月の支払総額：_____円
　　支払いの内訳：_____
　　_____
　　　　　　　　　　　　　　　　　　　　□ 補充あり

2 □支払督促，□訴訟，□差押え，□仮差押えを受けて，【 いる・(いない) 】

裁判所名	種類	事件番号	相手方
		平成　年（　）第　号	
		平成　年（　）第　号	
		平成　年（　）第　号	
		平成　年（　）第　号	

　　　　　　　　　　　　　　　　　　　　□ 補充あり
　* 訴状，差押命令等のコピーを提出してください。　□ 用意した

3 過去に，破産宣告又は破産手続開始決定を受けたことが 【 ある・(ない) 】
　　時　期：昭和・平成____年____月
　　裁判所名：_____地方裁判所_____支部
　　その時に，免責許可決定を受けたことが，
　　　　□ ある：昭和・平成____年____月
　　　　□ ない：その理由　□免責の申立てをしなかった　□不許可になった
　　　　　　　　　　　□その他_____
　　　　　　　上記の理由_____
　　　　　　　　　_____

　* 破産宣告又は破産手続開始決定，免責許可決定を受けたことがある人は，
　　決定書のコピーを提出してください。　　　　　□ 用意した

債権者一覧表

※ 古いものから年代順に記入してください。書ききれない場合は、用紙を追加してください。
※ 「使途」欄には、次の中から該当番号を記入してください。 1. 生活費 2. 遊興費 3. 物品購入 4. 債務弁済 5. 保証 (その他のものは、具体的に記入してください。)

債権者一覧表

債務者 氏名　西岡 義男

	債権者名	住所	借入年月日	借入金額	最終返済日	現在の金額	使途	担保
①	○○銀行	〒000-0000 ○○県○○市○○町○丁目○番○号	10.4.20～	5000万円	平成20年1月期	3512万円	3	有・㊞
②	○○金融	〒000-0000 ○○県○○市○○町○丁目○番○号	19.4.8～	50万円	平成19年11月期	80万円	4	有・㊞
③	○○クレジット	〒000-0000 ○○県○○市○○町○丁目○番○号	20.2.10～	120万円	平成19年11月期	100万円	4	有・㊞
④	○○ファイナンス	〒000-0000 ○○県○○市○○町○丁目○番○号○○ビル3階	20.2.2～	100万円	平成19年11月期	90万円	4	㊞・無
⑤	○○金融	〒000-0000 ○○県○○市○○町○丁目○番○号○○ビル2階	20.3.8～	100万円	平成19年11月期	90万円	4	有・㊞
					計	3872万円		
					総合計	3872万円		

※ 「現在の金額」を明らかにする書面のコピーを提出してください。 ☑用意した

資産目録

資　産　目　録

1　申立時に持っている現金　　　　　　　　　10万　円

2　預金・貯金　　　　　　　　　　　【 (有) ・ 無 】
　＊　既に解約済みの口座についても，過去２年以内に取引のあったものについてはすべて記載してください。

金融機関・支店名（郵便局を含む）	口　座　番　号	申立時の残額
○○銀行○○支店	○○○○○○○	4万　円
		円
		円
		円
		円

　　　　　　　　　　　　　　　　　　　　　　　□ 補充あり

　＊　解約の有無及び残額の多寡にかかわらず，各通帳の表紙・表紙裏を含め過去２年以内の取引の明細が分かるように全ページのコピーを提出してください。一括記載がある場合には取引明細書を用意してください。記載されている取引日以後，取引がない場合には，余白に「以後取引なし」などと記載してください。　　　　　　　　　　　　　　　　　　　　☑ 用意した

3　積立金など（社内積立・財形貯蓄・事業保証金など）　【 有 ・ (無) 】
　＊　給与明細書に財形貯蓄などの記載がある人は必ず記載してください。

種　　　類	現在の金額	開　始　時　期
	円	昭・平　　年　　月頃
	円	昭・平　　年　　月頃
	円	昭・平　　年　　月頃
	円	昭・平　　年　　月頃

　　　　　　　　　　　　　　　　　　　　　　　□ 補充あり

　＊　「現在の金額」を明らかにする書面を提出してください。

4　退職金請求権・退職慰労金　　　　　　　【　有　・　㊞無　】

会　社　名　（雇　用　主）	退　職　金　（見　込）　額
	円

＊　退職金の見込額を明らかにするため，雇用主作成の退職金計算書を提出してください。

5　貸付金　　　　　　　　　　　　　　　　【　有　・　㊞無　】

相　手　方	金　　額	時　　期	回収の見込み
	円	昭・平　　年　　月頃	
	円	昭・平　　年　　月頃	
	円	昭・平　　年　　月頃	
	円	昭・平　　年　　月頃	

＊　回収の見込みがない場合は，理由を記載してください。

　　　　　　　　　　　　　　　　　　　　　　　　　□　補充あり

6　保険（生命保険，傷害保険，火災保険，車両保険など）【　㊞有　・　無　】
　　＊　未解約のもの及び2年以内に失効したものをすべて記載してください。
　　＊　申立人以外の者が被保険者となっていても，申立人が契約者の場合には記載してください。
　　＊　源泉徴収票・確定申告書などに生命保険料の控除がある人，「家計全体の状況」に保険掛金の支出のある人は，忘れずに書いてください。

保　険　会　社　名	証　券　番　号	解約返戻金額
○○生命保険株式会社	○○○○○○○	10万　　円
		円
		円
		円
		円

　　　　　　　　　　　　　　　　　　　　　　　　　□　補充あり

＊　保険証券のコピー，申立時の解約返戻金計算書（保険会社が作成します。）のコピー，失効した場合にはその証明書（保険会社が作成します。）を提出してください。　　　　　　　　　　　　　　　　　　☑　用意した

7　有価証券など（手形・小切手，株式，社債，ゴルフ会員権など）【 有 ・ ㊇ 】

種　　類	取　得　時　期	金　　額	評　価　額
	昭・平　　年　　月頃	円	円
	昭・平　　年　　月頃	円	円
	昭・平　　年　　月頃	円	円

　　　　　　　　　　　　　　　　　　　　　　　　　□ 補充あり
＊　**証券のコピー及び評価額の疎明資料を提出してください。**　□ 用意した

8　自動車・バイクなど　　　　　　　　　　　　　　【 有 ・ ㊇ 】

＊　「家計全体の状況」に駐車場代・ガソリン代の支出がある人は忘れずに記載してください。

車　　名	購入金額	購　入　時　期	年式	所有権留保	評　価　額
	円	平成　年　月　日	年	□有　□無	円
	円	平成　年　月　日	年	□有　□無	円

　　　　　　　　　　　　　　　　　　　　　　　　　□ 補充あり
＊　**自動車検査票又は登録事項証明書のコピー及び査定書のコピーを提出してください。（ただし，購入時の車両本体価格が３００万円以下で，かつ，乗用車については初年度登録から６年，軽自動車・商用車については４年を経過した場合は査定書は不要です。）**　□ 用意した

9　購入価格が２０万円以上の物（貴金属・美術品・パソコン・着物など）
　　　　　　　　　　　　　　　　　　　　　　　　【 有 ・ ㊇ 】

品　　名	購入価格	取　得　時　期	手元に所持
	円	昭・平　　年　　月頃	□有　□無
	円	昭・平　　年　　月頃	□有　□無
	円	昭・平　　年　　月頃	□有　□無
	円	昭・平　　年　　月頃	□有　□無

　　　　　　　　　　　　　　　　　　　　　　　　　□ 補充あり

- 13 -

10 不動産（土地・建物・マンション等）　　　　　【 ㊲ ・ 無 】
　* 「種類」には土地・建物・マンションなどの別を，「備考」には単独所有・
　　共有などの事情を記載してください。
　* 遺産分割未了の不動産も記載してください。

不動産の所在地	種　　類	備　　考
○○県○○市○○町○-○-○	土　地	単独所有
○○県○○市○○町○-○-○	建　物	単独所有

　　　　　　　　　　　　　　　　　　　　　　□ 補充あり

(1) 当該不動産についての税金・管理費等の遅滞が　（ ある ・ ㊙ ）
　　遅滞額：_____ 円
　　内　訳：_____
(2) 当該不動産に設定されている担保権によって担保されている債権について，
　　最終返済日：平成 20 年 1 月 20 日
　　遅　滞　額：_____ 35,120,000 円
(3) $\dfrac{\text{被担保債権の残債務額}}{\text{評価額（査定の平均額）}} = \dfrac{35,120,000 \text{ 円}}{20,000,000 \text{ 円}} =$ 約 1.75 倍
(4) 担保権者から，担保権実行等の通知が　　　　（ ある ・ ㊙ ）
　　内容：_____
_____

　* 登記事項証明書,固定資産評価書及び実勢価格の疎明資料（2社以上の不動産業
　　者作成の時価見積書。裁判所の競売手続が進行している場合には，評価額が記
　　載されている期間入札の通知書で足ります。）を提出してください。
　　　　　　　　　　　　　　　　　　　　　　☑ 用意した

11 相続財産（遺産分割未了の場合も含みます）　　【 有 ・ ㊙ 】

亡くなった人	続柄	相　続　時　期	相続したもの
		昭・平　　年　　月　　日	
		昭・平　　年　　月　　日	

　　　　　　　　　　　　　　　　　　　　　　□ 補充あり

- 14 -

12　過去２年間に処分又は受領した２０万円以上の財産　　【　有　・　㊇　】
　＊　過去２年間において，不動産や自動車などの売却，保険の解約など財産を処分した場合と，ボーナスや退職金，敷金，離婚に伴う給付など財産を受領した場合の両方をすべて記載してください。

売却，解約，受領などしたもの	処分(受領)時期	処分(受領)の相手方	手に入れた金額	何に使ったか
	平成　　年　　月　　日		円	
	平成　　年　　月　　日		円	
	平成　　年　　月　　日		円	
	平成　　年　　月　　日		円	
	平成　　年　　月　　日		円	

　　　　　　　　　　　　　　　　　　　　　　　　　　　　□　補充あり
　＊　処分に関する契約書・領収書のコピーなどの，処分したことを証明する資料を提出してください。　　　　　　　　　　　　　　　　　　□　用意した
　＊　不動産を処分したことがわかる登記事項証明書を提出してください。
　　　　　　　　　　　　　　　　　　　　　　　　　　　　□　用意した

第6章　自己破産のしくみと手続き

以下は，事業者の取引関係，設備等に関する項目です。

現在事業を営んでいる人，または過去2年以内に事業を営んでいたことがある人のみ書いてください（会社の代表者を含む）。

13　貸付金・売掛金など　　　　　　　　　　　　　【　有　・　㊇　】

相　手　方	金　　額	発 生 時 期	回収見込	回収不能の理由
	円	平　年　月　日	有・無	
	円	平　年　月　日	有・無	
	円	平　年　月　日	有・無	
	円	平　年　月　日	有・無	

□　補充あり

14　事業設備・在庫品・什器備品など　　　　　　　【　有　・　㊇　】

品　　名	個　数	購　入　時　期	評　価　額
		昭・平　年　月　日	円
		昭・平　年　月　日	円
		昭・平　年　月　日	円
		昭・平　年　月　日	円
		合計	円

□　補充あり

家計全体の状況

家計全体の状況① （平成 ○○ 年 ○ 月分）

※ 申立前2ヶ月分の状況について提出してください。
※ 支出の「交際費」，「娯楽費」については，その内容を書いてください。
※ 「保険料」の支出がある人は，保険契約者の名前を書いてください。
※ 「駐車場代」，「ガソリン代」の支出のある人は，車の名義人を書いてください。

収入		支出	
費　目	金額（円）	費　目	金額（円）
給与・賞与（申立人）	300,000	家賃（管理費を含む）	80,000
△給与・賞与（配偶者）		地代	
△給与・賞与（　　）		食費	75,000
自営収入（申立人）		電気代	5,000
▲自営収入（配偶者）		ガス代	5,000
自営収入（　　）		水道代	5,000
年金（申立人）		電話代	5,000
年金（配偶者）		新聞代	
年金（　　）		保険料	5,000
生活保護		（保険の契約者：　西岡 義男　）	
児童手当		駐車場代	
他からの援助		ガソリン代	
（援助者：　　　　　）		（車の名義人：　　　　　）	
借入金	24,000	医療費	
その他：		教育費	20,000
		交通費	
		被服費	
		交際費：	
		娯楽費：	
		返済（対業者）	124,000
		返済（対親戚・知人）	
		その他：	
前月繰越金			
収入合計	324,000	支出合計	324,000

※ △に該当する人の最近1ヶ月分の給与明細のコピーと源泉徴収票のコピーを提出してください。
※ ▲に該当する人の確定申告書のコピーを提出してください。
※ 源泉徴収票・確定申告書のコピーが提出できない又は無職である場合には，市役所で発行する課税（非課税）証明書を提出してください。　☑ 全て用意した

第6章　自己破産のしくみと手続き

家計全体の状況② （平成 ○○ 年 ○ 月分）

※ 申立前2ヶ月分の状況について提出してください。
※ 支出の「交際費」,「娯楽費」については，その内容を書いてください。
※ 「保険料」の支出がある人は，保険契約者の名前を書いてください。
※ 「駐車場代」,「ガソリン代」の支出のある人は，車の名義人を書いてください。

収 入		支 出	
費 目	金額（円）	費 目	金額（円）
給与・賞与（申立人）	300,000	家賃（管理費を含む）	80,000
△給与・賞与（配偶者）	50,000	地 代	
△給与・賞与（　　　）		食 費	75,000
自営収入（申立人）		電気代	5,000
▲自営収入（配偶者）		ガス代	5,000
自営収入（　　　）		水道代	5,000
年金（申立人）		電話代	5,000
年金（配偶者）		新聞代	
年金（　　　）		保険料	5,000
生活保護		（保険の契約者： 西岡 義男　　）	
児童手当		駐車場代	
他からの援助		ガソリン代	
（援助者：　　　　　）		（車の名義人：　　　　　）	
借入金		医療費	
その他：		教育費	20,000
		交通費	
		被服費	
		交際費：	
		娯楽費：	
		返済（対業者）	150,000
		返済（対親戚・知人）	
		その他：	
前月繰越金			
収入合計	350,000	支出合計	350,000

※ △に該当する人の最近1ヶ月分の給与明細のコピーと源泉徴収票のコピーを提出してください。
※ ▲に該当する人の確定申告書のコピーを提出してください。
※ 源泉徴収票・確定申告書のコピーが提出できない又は無職である場合には，市役所で発行する課税（非課税）証明書を提出してください。　☑ 全て用意した

巻末資料

◆可処分所得算出の政令（別表１）

居住地域の区分の表（第二条関係）

【第 一 区】

埼玉県のうち川口市、浦和市及び大宮市　東京都のうち特別区の存する区域、八王子市、立川市、武蔵野市、三鷹市、府中市、昭島市、調布市、町田市、小金井市、小平市、日野市、東村山市、国分寺市、国立市、西東京市、福生市、狛江市、東大和市、清瀬市、東久留米市、多摩市及び稲城市　神奈川県のうち横浜市、川崎市、鎌倉市、藤沢市、逗子市、大和市及び三浦郡葉山町　愛知県のうち名古屋市　京都府のうち京都市　大阪府のうち大阪市、堺市、豊中市、池田市、吹田市、高槻市、守口市、枚方市、茨木市、八尾市、寝屋川市、松原市、大東市、箕面市、門真市、摂津市及び東大阪市　兵庫県のうち神戸市、尼崎市、西宮市、芦屋市、伊丹市、宝塚市及び川西市

【第 二 区】

北海道のうち札幌市及び江別市　宮城県のうち仙台市　埼玉県のうち所沢市、与野市、蕨市、戸田市、鳩ヶ谷市、朝霞市、和光市及び新座市　千葉県のうち千葉市、市川市、船橋市、松戸市、習志野市及び浦安市　東京都のうち青梅市及び武蔵村山市　神奈川県のうち横須賀市、平塚市、小田原市、茅ヶ崎市、相模原市、三浦市、秦野市、厚木市及び座間市　滋賀県のうち大津市　京都府のうち宇治市、向日市及び長岡京市　大阪府のうち岸和田市、泉大津市、貝塚市、高石市、和泉市、藤井寺市、四條畷市、交野市及び泉北郡忠岡町　兵庫県のうち姫路市及び明石市　岡山県のうち岡山市及び倉敷市　広島県のうち広島市、呉市、福山市及び安芸郡府中町　福岡県のうち北九州市及び福岡市

【第 三 区】

北海道のうち函館市、小樽市、旭川市、室蘭市、釧路市、帯広市、苫小牧市、千歳市、恵庭市及び北広島市　青森県のうち青森市　岩手県のうち盛岡市　秋田県のうち秋田市　山形県のうち山形市　福島県のうち福島市　茨城県のうち水戸市　栃木県のうち宇都宮市　群馬県のうち前橋市、高崎市及び桐生市　埼玉県のうち川越市、熊谷市、岩槻市、春日部市、狭山市、上尾市、草加市、越谷市、入間市、志木市、桶川市、八潮市、富士見市、上福岡市、三郷市、入間郡大井町及び同郡三芳町　千葉県のうち野田市、佐倉市、柏市、市原市、流山市、八千代市、我孫子市、鎌ケ谷市及び四街道市　東京都のうち羽村市、あきる野市及び西多摩郡瑞穂町　神奈川県のうち伊勢原市、海老名市、南足柄市、綾瀬市、高座郡寒川町、中郡大磯町、同郡二宮町、足柄上郡大井町、同郡松田町、同郡開成町、足柄下郡箱根町、同郡真鶴町、同郡湯河原町及び津久井郡城山町　新潟県のうち新潟市　富山県のうち富山市及び高岡市　石川県のうち金沢市　福井県のうち福井市　山梨県のうち甲府市　長野県のうち長野市及び松本市　岐阜県のうち岐阜市　静岡県のうち静岡市、浜松市、沼津市、清水市、熱海市及び伊東市　愛知県のうち豊橋市、岡崎市、一宮市、春日井市、刈谷市、豊田市、立科市、尾張旭市及び日進市　三重県のうち津市及び四日市市　滋賀県のうち草津市　京都府のうち城陽市、八幡市、京田辺市、乙訓郡大山崎町及び久世郡久御山町　大阪府のうち泉佐野市、富田林市、河内長野市、柏原市、羽曳野市、泉南市、大阪狭山市、三島郡島本町、泉南郡熊取町、同郡田尻町及び南河内郡美原町　奈良県のうち奈良市及び生駒市　和歌山県のうち和歌山市　鳥取県のうち鳥取市　島根県のうち松江市　山口県のうち下関市及び山口市　徳島県のうち徳島市　香川県のうち高松市　愛媛県のうち松山市　高知県のうち高知市　福岡県のうち久留米市　佐賀県のうち佐賀市　長崎県のうち長崎市　熊本県のうち熊本市　大分県のうち大分市及び別府市　宮崎県のうち宮崎市　鹿児島県のうち鹿児島市　沖縄県のうち那覇市

【第 四 区】

北海道のうち夕張市、岩見沢市及び登別市　宮城県のうち塩竈市、名取市及び多賀城市　茨城県のうち日立市、土浦市、古河市及び取手市　栃木県のうち足利市　新潟県のうち長岡市　石川県のうち小松市　長野県のうち上田市、岡谷市及び諏訪市　岐阜県のうち大垣市、多治見市、瑞浪市、土岐市、各務原市及び土岐郡笠原町　静岡県のうち三島市及び富士市　愛知県のうち瀬戸市、豊川市、

安城市、東海市、大府市、岩倉市、豊明市、西春日井郡西枇杷島町、同郡師勝町、同郡清洲町及び同郡新川町　**三重県**のうち松阪市及び桑名市　**兵庫県**のうち加古川市、高砂市及び加古郡播磨町　**奈良県**のうち橿原市　**岡山県**のうち玉野市　**広島県**のうち三原市、尾道市、府中市、大竹市、廿日市市、安芸郡海田町及び同郡坂町　**山口県**のうち宇部市、徳山市、防府市、岩国市及び新南陽市　**福岡県**のうち大牟田市、直方市、飯塚市、田川市、行橋市、中間市、筑紫野市、春日市、大野城市、太宰府市、宗像市、古賀市、筑紫郡那珂川町、糟屋郡宇美町、同郡篠栗町、同郡志免町、同郡須恵町、同郡新宮町、同郡久山町、同郡粕屋町、宗像郡福間町、遠賀郡芦屋町、同郡水巻町、同郡岡垣町、同郡遠賀町及び京都郡苅田町　**長崎県**のうち佐世保市、西彼杵郡香焼町、同郡伊王島町、同郡高島町及び同郡崎戸町　**熊本県**のうち荒尾市

【第　五　区】

北海道のうち北見市、網走市、留萌市、稚内市、美唄市、芦別市、赤平市、紋別市、士別市、名寄市、三笠市、根室市、滝川市、砂川市、歌志内市、深川市、富良野市、伊達市、石狩市、上磯郡上磯町、亀田郡七飯町、山越郡長万部町、檜山郡江差町、虻田郡京極町、同郡倶知安町、岩内郡岩内町、余市郡余市町、空知郡奈井江町、同郡上砂川町、同郡南富良野町、上川郡鷹栖町、同郡東神楽町、同郡上川町、同郡東川町、同郡朝日町、同郡新得町、勇払郡占冠村、同郡追分町、中川郡音威子府村、同郡中川町、同郡幕別町、天塩郡天塩町、同郡幌延町、宗谷郡猿払村、枝幸郡浜頓別町、同郡歌登町、網走郡美幌町、斜里郡斜里町、同郡清里町、常呂郡常呂町、紋別郡遠軽町、同郡丸瀬布町、同郡白滝村、同郡滝上町、同郡雄武町、同郡西興部村、同郡雄武町、有珠郡大滝村、沙流郡日高町、静内郡静内町、浦河郡浦河町、河東郡音更町、河西郡芽室町、同郡中札内村、足寄郡陸別町、釧路郡釧路町、川上郡弟子屈町、阿寒郡阿寒町、白糠郡音別町、標津郡中標津町、同郡標津町及び目梨郡羅臼町　**青森県**のうち弘前市、八戸市、黒石市、五所川原市、十和田市、三沢市及びむつ市　**岩手県**のうち宮古市、大船渡市、水沢市、花巻市、北上市、久慈市、遠野市、一関市、陸前高田市、釜石市、江刺市、二戸市及び岩手郡滝沢村　**宮城県**のうち石巻市、古川市、気仙沼市、白石市、角田市、岩沼市、柴田郡大河原町、同郡柴田町、宮城郡七ケ浜町、同郡利府町及び黒川郡富谷町　**秋田県**のうち能代市、横手市、大館市、本荘市、男鹿市、湯沢市、大曲市及び鹿角市　**山形県**のうち米沢市、鶴岡市、酒田市、新庄市、寒河江市、上山市、村山市、長井市、天童市、東根市、尾花沢市及び南陽市　**福島県**のうち会津若松市、郡山市、いわき市、白河市、原町市、須賀川市、喜多方市、相馬市及び二本松市　**茨城県**のうち石岡市、下館市、龍ケ崎市、常陸太田市、高萩市、つくば市、牛久市、ひたちなか市、鹿嶋市、那珂湊市、稲敷郡美浦村、同郡茎崎町、北相馬郡守谷町、同郡藤代町及び同郡利根町　**栃木県**のうち栃木市、佐野市、鹿沼市、日光市、今市市、小山市、真岡市、大田原市、矢板市、黒磯市、河内郡上三川町、同郡南河内町、同郡河内町、下都賀郡壬生町、同郡石橋町、同郡国分寺町、塩谷郡藤原町、那須郡西那須野町及び同郡塩原町　**群馬県**のうち伊勢崎市、太田市、沼田市、館林市、渋川市、藤岡市、富岡市、安中市、群馬郡群馬町、北群馬郡伊香保町、多野郡新町、吾妻郡草津町、利根郡水上町及び邑楽郡大泉町　**埼玉県**のうち行田市、秩父市、飯能市、加須市、本庄市、東松山市、羽生市、鴻巣市、深谷市、久喜市、北本市、蓮田市、坂戸市、幸手市、鶴ケ島市、日高市、吉川市、北足立郡伊奈町、同郡吹上町、入間郡毛呂山町、同郡越生町、比企郡嵐山町、同郡小川町、同郡鳩山町、南埼玉郡宮代町、同郡白岡町、北葛飾郡栗橋町、同郡鷲宮町、同郡杉戸町、同郡松伏町及び同郡庄和町　**千葉県**のうち銚子市、館山市、木更津市、佐原市、茂原市、成田市、東金市、八日市場市、旭市、勝浦市、鴨川市、君津市、富津市、袖ケ浦市、東葛飾郡沼南町、印旛郡酒々井町及び同郡白井町　**東京都**のうち西多摩郡日の出町、同郡檜原村、同郡奥多摩町、大島町、利島村、新島村、神津島村、三宅村、御蔵島村、八丈町、青ケ島村及び小笠原村　**神奈川県**のうち足柄上郡中井町、同郡山北町、愛甲郡愛川町、同郡清川村、津久井郡津久井町、同郡相模湖町及び同郡藤野町　**新潟県**のうち三条市、柏崎市、新発田市、新津市、小千谷市、加茂市、十日町市、見附市、村上市、燕市、栃尾市、糸魚川市、新井市、五泉市、両津市、白根市、豊栄市、上越市、中蒲原郡亀田町、北魚沼郡小出町、南魚沼郡湯沢町、刈羽郡刈羽村、中頸城郡大潟町、同郡妙高高原町、同郡中郷村及び西頸城郡青海町　**富山県**のうち新湊市、魚津市、氷見市、滑川市、黒部市、砺波市、小矢部市、上新川郡大沢野町、同郡大山町、中新川郡舟橋村、同郡上市町、同郡立山町、下新川郡宇奈月町、同郡入善町、同郡朝日町、婦負郡八尾町、同郡婦中町、同郡細入村、射水郡小杉町、同郡大門町、同郡下村、同郡大島町、東礪波郡城端町、同郡庄川町、同郡井波町、同郡福野町、西礪波郡福光町及び同郡福岡町　**石川県**のうち七尾市、輪島市、珠洲市、加賀市、羽咋市、松任市、江沼郡山中町、能美郡根上町、

同郡寺井町、同郡辰口町、同郡川北町、石川郡美川町、同郡鶴来町、同郡野々市町、同郡河内村、同郡吉野谷村、同郡鳥越村、同郡尾口村、同郡白峰村、河北郡津幡町、同郡高松町、同郡七塚町、同郡宇ノ気町及び同郡内灘町　福井県のうち敦賀市、武生市、小浜市、大野市、勝山市、鯖江市、吉田郡松岡町、同郡永平寺町、同郡上志比村、坂井郡三国町、同郡芦原町、同郡金津町、同郡丸岡町、同郡春江町、同郡坂井町、今立郡今立町、南条郡南条町、丹生郡朝日村、同郡宮崎村、同郡織田町及び同郡清水町　山梨県のうち富士吉田市、塩山市、都留市、山梨市、大月市、韮崎市、東山梨郡春日居町、東八代郡石和町、中巨摩郡竜王町、同郡敷島町、同郡玉穂町、同郡昭和町、同郡田富町及び北都留郡上野原町　長野県のうち飯田市、須坂市、小諸市、伊那市、駒ヶ根市、中野市、大町市、飯山市、茅野市、塩尻市、更埴市、佐久市、南佐久郡臼田町、北佐久郡軽井沢町、小県郡丸子町、同郡東部町、諏訪郡下諏訪町、同郡富士見町、上伊那郡辰野町、同郡箕輪町、木曽郡木曽福島町、東筑摩郡明科町、同郡波田町、南安曇郡豊科町、同郡穂高町、更級郡上山田町、埴科郡坂城町、同郡戸倉町、上高井郡小布施町及び上水内郡豊野町　岐阜県のうち高山市、関市、中津川市、美濃市、羽島市、恵那市、美濃加茂市、可児市、羽島郡岐南町、同郡笠松町、安八郡墨俣町、本巣郡北方町及び同郡穂積町　静岡県のうち富士宮市、島田市、磐田市、焼津市、掛川市、藤枝市、御殿場市、袋井市、天竜市、浜北市、下田市、裾野市、湖西市、田方郡伊豆長岡町、同郡修善寺町、同郡戸田村、同郡土肥町、同郡函南町、同郡韮山町、同郡大仁町、同郡天城湯ケ島町、同郡中伊豆町、駿東郡清水町、同郡長泉町、同郡小山町、富士郡芝川町、庵原郡富士川町、同郡蒲原町、同郡由比町、磐田郡竜洋町、同郡豊田町、浜名郡舞阪町、同郡新居町及び同郡雄踏町　愛知県のうち半田市、津島市、碧南市、西尾市、蒲郡市、犬山市、常滑市、江南市、尾西市、小牧市、稲沢市、新城市、知多市、高浜市、愛知郡東郷町、同郡長久手町、西春日井郡豊山町、同郡西春町、同郡春日町、丹羽郡大口町、同郡扶桑町、葉栗郡木曽川町、中島郡祖父江町、同郡平和町、海部郡七宝町、同郡美和町、同郡甚目寺町、同郡大治町、同郡蟹江町、同郡十四山村、同郡飛島村、同郡弥富町、同郡佐屋町、同郡佐織町、知多郡阿久比町、同郡東浦町、同郡南知多町、同郡美浜町、同郡武豊町、幡豆郡一色町、同郡吉良町、同郡幡豆町、額田郡幸田町、西加茂郡三好町、同郡藤岡町、同郡小原村、東加茂郡足助町、同郡旭町、北設楽郡設楽町、同郡東栄町、同郡稲武町、南設楽郡鳳来町、宝飯郡音羽町、同郡一宮町、同郡小坂井町、同郡御津町及び渥美郡田原町　三重県のうち伊勢市、上野市、鈴鹿市、名張市、尾鷲市、亀山市、鳥羽市、熊野市、久居市、桑名郡長島町、同郡木曽岬町、員弁郡東員町、三重郡菰野町、同郡楠町、同郡朝日町、同郡川越町、安芸郡河芸町、度会郡小俣町、同郡御薗村及び志摩郡阿児町　滋賀県のうち彦根市、長浜市、近江八幡市、八日市市、草津市、守山市、滋賀郡志賀町、栗太郡栗東町、野洲郡中主町、同郡野洲町、甲賀郡石部町、同郡甲西町及び同郡水口町　京都府のうち福知山市、舞鶴町、綾部市、宮津市、亀岡市、綴喜郡井出町、同郡宇治田原町、相楽郡山城町、同郡木津町、同郡加茂町、同郡精華町、北桑田郡京北町、船井郡園部町及び同郡八木町　大阪府のうち阪南市、豊能郡豊能町、同郡能勢町、泉南郡岬町、南河内郡太子町、同郡河南町及び同郡千早赤阪村　兵庫県のうち洲本市、相生市、豊岡市、龍野市、赤穂市、西脇市、三木市、小野市、三田市、加西市、川辺郡猪名川町、加古郡稲美町、揖保郡揖保川町、同郡御津町及び同郡太子町　奈良県のうち大和高田市、大和郡山市、天理市、桜井市、五條市、御所市、香芝市、生駒郡平群町、同郡三郷町、同郡斑鳩町、同郡安堵町、磯城郡川西町、同郡三宅町、同郡田原本町、宇陀郡大宇陀町、同郡菟田野町、同郡榛原町、高市郡高取町、同郡明日香村、北葛城郡新庄町、同郡當麻町、同郡上牧町、同郡王寺町、同郡広陵町、同郡河合町、吉野郡吉野町、同郡大淀町及び同郡下市町　和歌山県のうち海南市、橋本市、有田市、御坊市、田辺市、新宮市、海草郡野上町、那賀郡岩出町、伊都郡高野口町、同郡高野町、有田郡湯浅町、日高郡美浜町、西牟婁郡白浜町、同郡串本町、東牟婁郡那智勝浦町、同郡太地町及び同郡古座町　鳥取県のうち米子市、倉吉市、境港市及び西伯郡日吉津村　島根県のうち浜田市、出雲市、益田市、大田市、安来市、江津市、平田市、八束郡東出雲町、同郡玉湯町及び隠岐郡西郷町　岡山県のうち津山市、笠岡市、井原市、総社市、高梁市、新見市、備前市、赤磐郡瀬戸町、同郡山陽町、和気郡日生町、邑久郡牛窓町、同郡邑久町、同郡長船町、児島郡灘崎町、都窪郡早島町、同郡山手村、同郡清音村、浅口郡船穂町、同郡金光町、同郡鴨方町、同郡寄島町、同郡里庄町、小田郡矢掛町及び吉備郡真備町　広島県のうち竹原市、因島市、三次市、庄原市、東広島市、安芸郡熊野町、同郡江田島町、同郡音戸町、佐伯郡大野町、同郡宮島町、高田郡吉田町、同郡八千代町、賀茂郡黒瀬町、豊田郡本郷町、同郡安芸津町、同郡安浦町、同郡川尻町、御調郡向島町、深安郡神辺町及び芦品郡新市町　山口県のうち萩市、下松市、小野田市、光市、長門市、柳井市、美祢市、玖珂郡和木町、同郡由宇町、同郡玖珂町、熊毛郡大和町、同郡田布施町、同郡平生町、同郡熊毛町、吉敷郡小郡町、同郡阿知須町、

厚狭郡山陽町及び豊浦郡豊浦町　**徳島県**のうち鳴門市、小松島市及び阿南市　**香川県**のうち丸亀市、坂出市、善通寺市、観音寺市、木田郡牟礼町、香川郡直島町、綾歌郡国分寺町、同郡宇多津町、仲多度郡琴平町及び同郡多度津町　**愛媛県**のうち今治市、新居浜市、西条市、川之江市及び伊予三島市　**福岡県**のうち柳川市、山田市、甘木市、八女市、筑後市、大川市、豊前市及び小郡市　**佐賀県**のうち唐津市及び鳥栖市　**長崎県**のうち諫早市、大村市、西彼杵郡長与町、同郡時津町及び同郡大島町　**大分県**のうち中津市　**宮崎県**のうち都城市及び延岡市　**鹿児島県**のうち川内市、鹿屋市、枕崎市、串木野市、阿久根市、名瀬市、出水市、大口市、指宿市、加世田市、国分市、西之表市、垂水市、鹿児島郡桜島町、日置郡伊集院町、姶良郡加治木町、同郡姶良町及び同郡隼人町　**沖縄県**のうち石川市、具志川市、宜野湾市、平良市、石垣市、浦添市、名護市、糸満市及び沖縄市

【第　六　区】
第一区から第五区まで以外の市町村

　上記に掲げた市町村（特別区を含む）の廃置分合があった場合には、以下に掲げる区域に居住する者の居住地域の区分は、以下に定める市町村により定まります。
1　廃置分合により市町村の区域の全部または一部が他の市町村に編入された場合における廃置分合後の市町村の区域　当該市町村
2　廃置分合により市町村を新たに置いた場合における廃置分合後の市町村の区域　当該区域が当該廃置分合前に属していた**市町村**（当該市町村が２以上あるときは、再生債務者に最も有利なもの）
　また、上記に掲げた市町村の境界変更があった場合には、当該境界変更にかかる区域に居住する者の居住地域の区分は、境界変更により当該区域が属することとなった市町村により定まります。

◆可処分所得算出の政令（別表2）

第一区における個人別生活費の表（第二条関係）

上　　　　欄	下　　欄	上　　　　欄	下　　欄
2歳未満	27万9千円	15歳	60万千円
2歳	31万円	16歳	58万8千円
3歳及び4歳	34万千円	17歳	55万6千円
5歳	39万8千円	18歳	52万4千円
6歳	44万2千円	19歳	51万2千円
7歳	42万9千円	20歳以上40歳未満	49万9千円
8歳	45万6千円	40歳	48万8千円
9歳及び10歳	48万2千円	41歳以上59歳未満	47万8千円
11歳	55万7千円	59歳	46万5千円
12歳	61万5千円	60歳以上69歳未満	45万2千円
13歳	59万8千円	69歳	53万8千円
14歳	60万6千円	70歳以上	62万4千円

第二区における個人別生活費の表（第二条関係）

上　　　　欄	下　　欄	上　　　　欄	下　　欄
1歳未満	26万8千円	15歳	57万4千円
1歳	26万6千円	16歳	56万2千円
2歳	29万6千円	17歳	53万円
3歳及び4歳	32万6千円	18歳	50万円
5歳	38万千円	19歳	48万9千円
6歳	42万4千円	20歳以上40歳未満	47万7千円
7歳	41万円	40歳	46万6千円
8歳	43万6千円	41歳以上59歳未満	45万6千円
9歳及び10歳	46万2千円	59歳	44万4千円
11歳	53万5千円	60歳以上69歳未満	43万2千円
12歳	59万円	69歳	52万円
13歳	57万4千円	70歳以上	60万8千円
14歳	58万円		

第三区における個人別生活費の表（第二条関係）

上　　　欄	下　　　欄	上　　　欄	下　　　欄
1歳未満	25万7千円	15歳	54万8千円
1歳	25万4千円	16歳	53万5千円
2歳	28万2千円	17歳	50万6千円
3歳及び4歳	31万千円	18歳	47万7千円
5歳	36万5千円	19歳	46万6千円
6歳	40万6千円	20歳以上40歳未満	45万4千円
7歳	39万2千円	40歳	44万5千円
8歳	41万7千円	41歳以上59歳未満	43万5千円
9歳及び10歳	44万千円	59歳	42万3千円
11歳	51万2千円	60歳以上69歳未満	41万2千円
12歳	56万6千円	69歳	49万2千円
13歳	54万9千円	70歳以上	57万2千円
14歳	55万5千円		

第四区における個人別生活費の表（第二条関係）

上　　　欄	下　　　欄	上　　　欄	下　　　欄
1歳未満	24万7千円	15歳	52万千円
1歳	24万千円	16歳	50万9千円
2歳	26万8千円	17歳	48万千円
3歳及び4歳	29万5千円	18歳	45万3千円
5歳	34万8千円	19歳	44万3千円
6歳	38万8千円	20歳以上40歳未満	43万2千円
7歳	37万4千円	40歳	42万3千円
8歳	39万8千円	41歳以上59歳未満	41万3千円
9歳及び10歳	42万千円	59歳	40万2千円
11歳	48万9千円	60歳以上69歳未満	39万千円
12歳	54万千円	69歳	47万5千円
13歳	52万4千円	70歳以上	55万8千円
14歳	52万9千円		

第五区における個人別生活費の表（第二条関係）

上　　　欄	下　　　欄	上　　　欄	下　　　欄
1歳未満	23万3千円	15歳	49万5千円
1歳	22万8千円	16歳	48万2千円
2歳	25万4千円	17歳	45万6千円
3歳及び4歳	28万円	18歳	43万円
5歳	33万千円	19歳	42万円
6歳	36万9千円	20歳以上40歳未満	40万9千円
7歳	35万6千円	40歳	40万千円
8歳	37万8千円	41歳以上59歳未満	39万2千円
9歳及び10歳	40万円	59歳	38万千円
11歳	46万7千円	60歳以上69歳未満	37万千円
12歳	51万7千円	69歳	44万6千円
13歳	50万円	70歳以上	52万円
14歳	50万3千円		

第六区における個人別生活費の表（第二条関係）

上　　　欄	下　　　欄	上　　　欄	下　　　欄
1歳未満	22万3千円	15歳	46万8千円
1歳	21万6千円	16歳	45万6千円
2歳	24万円	17歳	43万千円
3歳及び4歳	26万5千円	18歳	40万6千円
5歳	31万5千円	19歳	39万6千円
6歳	35万千円	20歳以上40歳未満	38万7千円
7歳	33万8千円	40歳	37万9千円
8歳	35万9千円	41歳以上59歳未満	37万円
9歳及び10歳	38万円	59歳	36万円
11歳	44万4千円	60歳以上69歳未満	35万千円
12歳	49万2千円	69歳	42万9千円
13歳	47万5千円	70歳以上	50万7千円
14歳	47万8千円		

◆可処分所得算出の政令（別表3）

第一区における 世帯別生活費の表（第三条関係）	
上　　欄	下　　欄
1人	52万7000円
2人	58万3000円
3人	64万7000円
4人以上	70万3000円

第二区における 世帯別生活費の表（第三条関係）	
上　　欄	下　　欄
1人	50万3000円
2人	55万7000円
3人	61万8000円
4人以上	67万2000円

第三区における 世帯別生活費の表（第三条関係）	
上　　欄	下　　欄
1人	48万円
2人	53万1000円
3人	58万8000円
4人以上	64万円

第四区における 世帯別生活費の表（第三条関係）	
上　　欄	下　　欄
1人	45万6000円
2人	50万4000円
3人	55万9000円
4人以上	60万9000円

第五区における 世帯別生活費の表（第三条関係）	
上　　欄	下　　欄
1人	43万2000円
2人	47万8000円
3人	53万円
4人以上	57万7000円

第六区における 世帯別生活費の表（第三条関係）	
上　　欄	下　　欄
1人	40万8000円
2人	45万2000円
3人	50万1000円
4人以上	54万5000円

巻末資料

◆可処分所得算出の政令（別表4）

第一区における冬季特別生活費の表（第四条関係）

上　　欄	下　　欄
1人	1万6千円
2人	2万円
3人	2万4千円
4人以上	2万7千円

第二区における冬季特別生活費の表（第四条関係）

上欄	中欄	下欄	上欄	中欄	下欄
1人	第一級地	11万8千円	3人	第一級地	18万2千円
	第三級地	5万6千円		第三級地	8万6千円
	第六級地	1万5千円		第六級地	2万3千円
2人	第一級地	15万2千円	4人以上	第一級地	20万6千円
	第三級地	7万2千円		第三級地	9万8千円
	第六級地	1万9千円		第六級地	2万6千円

第三区における冬季特別生活費の表（第四条関係）

上欄	中欄	下欄	上欄	中欄	下欄
1人	第一級地	11万2000円	3人	第一級地	17万3000円
	第二級地	8万円		第二級地	12万4000円
	第三級地	5万3000円		第三級地	8万2000円
	第四級地	4万1000円		第四級地	6万3000円
	第五級地	2万8000円		第五級地	4万4000円
	第六級地	1万4000円		第六級地	2万2000円
2人	第一級地	14万5000円	4人以上	第一級地	19万6000円
	第二級地	10万4000円		第二級地	14万円
	第三級地	6万9000円		第三級地	9万3000円
	第四級地	5万3000円		第四級地	7万1000円
	第五級地	3万7000円		第五級地	5万円
	第六級地	1万8000円		第六級地	2万5000円

第四区における冬季特別生活費の表（第四条関係）

上欄	中欄	下欄	上欄	中欄	下欄
1人	第一級地	10万7000円	3人	第一級地	16万5000円
	第二級地	7万6000円		第二級地	11万8000円
	第三級地	5万1000円		第三級地	7万8000円
	第四級地	3万9000円		第四級地	6万円
	第五級地	2万7000円		第五級地	4万2000円
	第六級地	1万4000円		第六級地	2万1000円
2人	第一級地	13万8000円	4人以上	第一級地	18万7000円
	第二級地	9万9000円		第二級地	13万3000円
	第三級地	6万5000円		第三級地	8万9000円
	第四級地	5万円		第四級地	6万8000円
	第五級地	3万5000円		第五級地	4万7000円
	第六級地	1万8000円		第六級地	2万4000円

第五区における冬季特別生活費の表（第四条関係）

上欄	中欄	下欄	上欄	中欄	下欄
1人	第一級地	10万1000円	3人	第一級地	15万6000円
	第二級地	7万2000円		第二級地	11万2000円
	第三級地	4万8000円		第三級地	7万4000円
	第四級地	3万7000円		第四級地	5万7000円
	第五級地	2万6000円		第五級地	3万9000円
	第六級地	1万3000円		第六級地	2万円
2人	第一級地	13万1000円	4人以上	第一級地	17万7000円
	第二級地	9万3000円		第二級地	12万6000円
	第三級地	6万2000円		第三級地	8万4000円
	第四級地	4万7000円		第四級地	6万4000円
	第五級地	3万3000円		第五級地	4万5000円
	第六級地	1万7000円		第六級地	2万3000円

第六区における冬季特別生活費の表（第四条関係）

上欄	中欄	下欄	上欄	中欄	下欄
1人	第一級地	9万5000円	3人	第一級地	14万7000円
	第二級地	6万8000円		第二級地	10万5000円
	第三級地	4万5000円		第三級地	7万円
	第四級地	3万5000円		第四級地	5万3000円
	第五級地	2万4000円		第五級地	3万7000円
	第六級地	1万2000円		第六級地	1万9000円
2人	第一級地	12万4000円	4人以上	第一級地	16万7000円
	第二級地	8万8000円		第二級地	12万円
	第三級地	5万9000円		第三級地	7万9000円
	第四級地	4万5000円		第四級地	6万1000円
	第五級地	3万1000円		第五級地	4万2000円
	第六級地	1万6000円		第六級地	2万1000円

◆可処分所得算出の政令（別表5）

冬季特別地域の区分（第四条関係）	
上　　欄	下　　　　　欄
第一級地	北海道　青森県　秋田県
第二級地	岩手県　山形県　新潟県
第三級地	宮城県　福島県　富山県　長野県
第四級地	石川県　福井県
第五級地	栃木県　群馬県　山梨県　岐阜県　鳥取県　島根県
第六級地	第一級地から第五級地まで以外の都府県

◆可処分所得算出の政令（別表7）

勤労必要経費の表（第六条関係）		
	上　　欄	下　　欄
第一区および第二区	200万円未満	49万円
	200万円以上250万円未満	52万5000円
	250万円以上	55万5000円
第三区および第四区	200万円未満	47万6000円
	200万円以上	55万5000円

巻末資料

◆可処分所得算出の政令（別表6）

住居費の表（第五条関係）

第 一 欄	第 二 欄	第 三 欄	第 四 欄
北海道（札幌市を除く）	第二区から第四区まで	1人	32万2000円
		2人以上7人未満	41万9000円
		7人以上	50万3000円
	第五区および第六区	1人	27万円
		2人以上7人未満	35万2000円
		7人以上	42万2000円
札幌市	第二区	1人	40万7000円
		2人以上7人未満	52万9000円
		7人以上	63万5000円
青森県	第三区	1人	36万6000円
		2人以上7人未満	47万5000円
		7人以上	57万円
	第五区および第六区	1人	27万円
		2人以上7人未満	35万2000円
		7人以上	42万2000円
岩手県	第三区	1人	35万5000円
		2人以上7人未満	46万2000円
		7人以上	55万4000円
	第五区および第六区	1人	28万8000円
		2人以上7人未満	37万4000円
		7人以上	44万9000円
宮城県（仙台市を除く）	第四区	1人	41万6000円
		2人以上7人未満	54万1000円
		7人以上	64万9000円
	第五区および第六区	1人	32万9000円
		2人以上7人未満	42万7000円
		7人以上	51万2000円
仙台市	第二区	1人	42万2000円
		2人以上7人未満	55万円
		7人以上	66万円
秋田県（秋田市を除く）	第五区および第六区	1人	32万6000円
		2人以上7人未満	42万4000円
		7人以上	50万9000円
秋田市	第三区	1人	35万8000円
		2人以上7人未満	46万4000円
		7人以上	55万7000円

第 一 欄	第 二 欄	第 三 欄	第 四 欄
山形県	第三区	1人	35万9000円
		2人以上7人未満	46万7000円
		7人以上	56万円
	第五区および第六区	1人	32万5000円
		2人以上7人未満	42万2000円
		7人以上	50万6000円
福島県（郡山市およびいわき市を除く）	第三区	1人	36万4000円
		2人以上7人未満	47万3000円
		7人以上	56万8000円
	第五区および第六区	1人	33万2000円
		2人以上7人未満	43万2000円
		7人以上	51万8000円
郡山市	第五区	1人	34万4000円
		2人以上7人未満	44万8000円
		7人以上	53万8000円
いわき市	第五区	1人	33万4000円
		2人以上7人未満	43万4000円
		7人以上	52万1000円
茨城県	第三区および第四区	1人	42万5000円
		2人以上7人未満	55万2000円
		7人以上	66万2000円
	第五区および第六区	1人	40万6000円
		2人以上7人未満	52万7000円
		7人以上	63万2000円
栃木県（宇都宮市を除く）	第四区	1人	38万6000円
		2人以上7人未満	50万2000円
		7人以上	60万2000円
	第五区および第六区	1人	37万4000円
		2人以上7人未満	48万6000円
		7人以上	58万3000円
宇都宮市	第三区	1人	44万6000円
		2人以上7人未満	58万円
		7人以上	69万6000円
群馬県	第三区	1人	40万9000円
		2人以上7人未満	53万2000円
		7人以上	63万8000円
	第五区および第六区	1人	36万6000円
		2人以上7人未満	47万6000円
		7人以上	57万1000円

巻末資料

第一欄	第二欄	第三欄	第四欄
埼玉県	第一区から第三区まで	1人	56万8000円
		2人以上7人未満	73万8000円
		7人以上	88万6000円
	第五区および第六区	1人	49万3000円
		2人以上7人未満	64万1000円
		7人以上	76万9000円
千葉県	第二区および第三区	1人	55万2000円
		2人以上7人未満	71万8000円
		7人以上	86万2000円
	第五区および第六区	1人	44万6000円
		2人以上7人未満	58万1000円
		7人以上	69万7000円
東京都	第一区から第三区まで	1人	64万2000円
		2人以上7人未満	83万5000円
		7人以上	100万2000円
	第五区	1人	46万8000円
		2人以上7人未満	60万8000円
		7人以上	73万円
神奈川県（横浜市および川崎市をのぞく）	第一区から第三区まで	1人	55万円
		2人以上7人未満	71万4000円
		7人以上	85万7000円
	第五区	1人	51万7000円
		2人以上7人未満	67万2000円
		7人以上	80万6000円
横浜市および川崎市	第一区	1人	64万2000円
		2人以上7人未満	83万5000円
		7人以上	100万2000円
新潟県（新潟市をのぞく）	第四区	1人	38万2000円
		2人以上7人未満	49万7000円
		7人以上	59万6000円
	第五区および第六区	1人	33万2000円
		2人以上7人未満	43万2000円
		7人以上	51万8000円
新潟市	第三区	1人	41万9000円
		2人以上7人未満	54万5000円
		7人以上	65万4000円
富山県	第三区	1人	37万円
		2人以上7人未満	48万円
		7人以上	57万6000円

第一欄	第二欄	第三欄	第四欄
富山県	第五区および第六区	1人	25万6000円
		2人以上7人未満	33万2000円
		7人以上	39万8000円
石川県(金沢市を除く)	第四区	1人	39万7000円
		2人以上7人未満	51万6000円
		7人以上	61万9000円
	第五区および第六区	1人	36万8000円
		2人以上7人未満	47万9000円
		7人以上	57万5000円
金沢市	第三区	1人	40万6000円
		2人以上7人未満	52万8000円
		7人以上	63万4000円
福井県	第三区	1人	38万6000円
		2人以上7人未満	50万2000円
		7人以上	60万2000円
	第五区および第六区	1人	28万6000円
		2人以上7人未満	37万1000円
		7人以上	44万5000円
山梨県	第三区	1人	32万4000円
		2人以上7人未満	42万1000円
		7人以上	50万5000円
	第五区および第六区	1人	31万円
		2人以上7人未満	40万2000円
		7人以上	48万2000円
長野県	第三区および第四区	1人	45万1000円
		2人以上7人未満	58万7000円
		7人以上	70万4000円
	第五区および第六区	1人	37万円
		2人以上7人未満	48万円
		7人以上	57万6000円
岐阜県	第三区および第四区	1人	38万2000円
		2人以上7人未満	49万6000円
		7人以上	59万5000円
	第五区および第六区	1人	32万9000円
		2人以上7人未満	42万7000円
		7人以上	51万2000円
静岡県(静岡市および浜松市を除く)	第三区から第四区	1人	42万2000円
		2人以上7人未満	55万円
		7人以上	66万円

巻末資料

第一欄	第二欄	第三欄	第四欄
静岡県（静岡市および浜松市を除く）	第五区および第六区	1人	40万3000円
		2人以上7人未満	52万4000円
		7人以上	62万9000円
静岡市	第三区	1人	45万2000円
		2人以上7人未満	58万8000円
		7人以上	70万6000円
浜松市	第三区	1人	43万2000円
		2人以上7人未満	56万2000円
		7人以上	67万4000円
愛知県（名古屋市および豊田市を除く）	第三区および第四区	1人	41万9000円
		2人以上7人未満	54万5000円
		7人以上	65万4000円
	第五区および第六区	1人	40万1000円
		2人以上7人未満	52万1000円
		7人以上	62万5000円
名古屋市	第一区	1人	43万円
		2人以上7人未満	55万9000円
		7人以上	67万1000円
豊田市	第三区	1人	41万8000円
		2人以上7人未満	54万2000円
		7人以上	65万円
三重県	第三区および第四区	1人	38万8000円
		2人以上7人未満	50万4000円
		7人以上	60万5000円
	第五区および第六区	1人	36万7000円
		2人以上7人未満	47万8000円
		7人以上	57万4000円
滋賀県	第二区および第三区	1人	50万円
		2人以上7人未満	65万円
		7人以上	78万円
	第五区および第六区	1人	44万6000円
		2人以上7人未満	58万円
		7人以上	69万6000円
京都府（京都市を除く）	第二区および第三区	1人	49万8000円
		2人以上7人未満	64万8000円
		7人以上	77万8000円
	第五区および第六区	1人	44万2000円
		2人以上7人未満	57万4000円
		7人以上	68万9000円

第 一 欄	第 二 欄	第 三 欄	第 四 欄
京都市	第一区	1人	50万2000円
		2人以上7人未満	65万3000円
		7人以上	78万4000円
大阪府	第一区から第三区まで	1人	50万2000円
		2人以上7人未満	65万3000円
		7人以上	78万4000円
	第五区	1人	37万円
		2人以上7人未満	48万円
		7人以上	57万6000円
兵庫県	第一区、第二区及び第四区	1人	50万2000円
		2人以上7人未満	65万3000円
		7人以上	78万4000円
	第五区及び第六区	1人	37万円
		2人以上7人未満	48万円
		7人以上	57万6000円
奈良県	第三区および第四区	1人	49万8000円
		2人以上7人未満	64万8000円
		7人以上	77万8000円
	第五区および第六区	1人	41万8000円
		2人以上7人未満	54万2000円
		7人以上	65万円
和歌山県(和歌山市を除く)	第五区および第六区	1人	34万3000円
		2人以上7人未満	44万6000円
		7人以上	53万5000円
和歌山市	第三区	1人	41万8000円
		2人以上7人未満	54万4000円
		7人以上	65万3000円
鳥取県	第三区	1人	39万7000円
		2人以上7人未満	51万6000円
		7人以上	61万9000円
	第五区および第六区	1人	37万4000円
		2人以上7人未満	48万6000円
		7人以上	58万3000円
島根県	第三区	1人	40万6000円
		2人以上7人未満	52万7000円
		7人以上	63万2000円
	第五区および第六区	1人	33万円
		2人以上7人未満	43万円
		7人以上	51万6000円

巻末資料

第一欄	第二欄	第三欄	第四欄
岡山県（岡山市を除く）	第二区および第四区	1人	39万円
		2人以上7人未満	50万8000円
		7人以上	61万円
	第五区および第六区	1人	33万4000円
		2人以上7人未満	43万4000円
		7人以上	52万1000円
岡山市	第二区	1人	42万2000円
		2人以上7人未満	55万円
		7人以上	66万円
広島県（広島市および福山市を除く）	第二区および第四区	1人	38万5000円
		2人以上7人未満	50万円
		7人以上	60万円
	第五区および第六区	1人	36万7000円
		2人以上7人未満	47万8000円
		7人以上	57万4000円
広島市	第二区	1人	48万4000円
		2人以上7人未満	62万9000円
		7人以上	75万5000円
福山市	第二区	1人	41万円
		2人以上7人未満	53万4000円
		7人以上	64万1000円
山口県	第三区および第四区	1人	35万2000円
		2人以上7人未満	45万7000円
		7人以上	54万8000円
	第五区および第六区	1人	32万3000円
		2人以上7人未満	42万円
		7人以上	50万4000円
徳島県	第三区	1人	34万6000円
		2人以上7人未満	45万円
		7人以上	54万円
	第五区および第六区	1人	31万2000円
		2人以上7人未満	40万6000円
		7人以上	48万7000円
香川県（高松市を除く）	第五区および第六区	1人	36万5000円
		2人以上7人未満	47万4000円
		7人以上	56万9000円
高松市	第三区	1人	44万8000円
		2人以上7人未満	58万2000円
		7人以上	69万8000円

第 一 欄	第 二 欄	第 三 欄	第 四 欄
愛媛県	第三区	1人	36万5000円
		2人以上7人未満	47万4000円
		7人以上	56万9000円
	第五区および第六区	1人	30万5000円
		2人以上7人未満	39万6000円
		7人以上	47万5000円
高知県（高知市を除く）	第六区	1人	29万8000円
		2人以上7人未満	38万8000円
		7人以上	46万6000円
高知市	第三区	1人	37万6000円
		2人以上7人未満	48万8000円
		7人以上	58万6000円
福岡県（福岡市および北九州市を除く）	第三区および第四区	1人	37万円
		2人以上7人未満	48万円
		7人以上	57万6000円
	第五区および第六区	1人	31万円
		2人以上7人未満	40万3000円
		7人以上	48万4000円
福岡市	第二区	1人	42万6000円
		2人以上7人未満	55万3000円
		7人以上	66万4000円
北九州市	第二区	1人	37万1000円
		2人以上7人未満	48万2000円
		7人以上	57万8000円
佐賀県	第三区	1人	36万4000円
		2人以上7人未満	47万3000円
		7人以上	56万8000円
	第五区および第六区	1人	33万2000円
		2人以上7人未満	43万2000円
		7人以上	51万8000円
長崎県（長崎市を除く）	第四区	1人	34万7000円
		2人以上7人未満	45万1000円
		7人以上	54万1000円
	第五区および第六区	1人	32万3000円
		2人以上7人未満	42万円
		7人以上	50万4000円
長崎市	第三区	1人	35万円
		2人以上7人未満	45万5000円
		7人以上	54万6000円

巻末資料

第一欄	第二欄	第三欄	第四欄
熊本県（熊本市を除く）	第四区	1人	36万2000円
		2人以上7人未満	47万円
		7人以上	56万4000円
	第六区	1人	29万9000円
		2人以上7人未満	38万9000円
		7人以上	46万7000円
熊本市	第三区	1人	37万1000円
		2人以上7人未満	48万2000円
		7人以上	57万8000円
大分県（大分市を除く）	第三区	1人	33万円
		2人以上7人未満	42万8000円
		7人以上	51万4000円
	第五区および第六区	1人	30万4000円
		2人以上7人未満	39万5000円
		7人以上	47万4000円
大分市	第三区	1人	35万5000円
		2人以上7人未満	46万2000円
		7人以上	55万4000円
宮崎県（宮崎市を除く）	第五区および第六区	1人	27万1000円
		2人以上7人未満	35万3000円
		7人以上	42万4000円
宮崎市	第三区	1人	35万円
		2人以上7人未満	45万5000円
		7人以上	54万6000円
鹿児島県（鹿児島市を除く）	第五区および第六区	1人	29万円
		2人以上7人未満	37万7000円
		7人以上	45万2000円
鹿児島市	第三区	1人	36万1000円
		2人以上7人未満	46万9000円
		7人以上	56万3000円
沖縄県	第三区	1人	38万6000円
		2人以上7人未満	50万2000円
		7人以上	60万2000円
	第五区および第六区	1人	36万8000円
		2人以上7人未満	47万9000円
		7人以上	57万5000円